Andreas Wins

Russische Melodien für Akkordeon

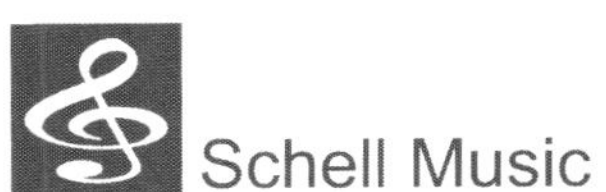

Vorwort

Was die Liebhaber und Kenner der russischen Volksmusik schon immer wussten: die meisten bekannten russischen Volkslieder kommen aus dem ländlichen Bereich und wirken im Original überwiegend melancholisch-nostalgisch bis traurig. Diese Melodien werden in Russland sowohl von Hobby- als auch von Profimusikern gerne gespielt. Die Bearbeitungen in vorliegender Ausgabe sind an engagierte Hobbyakkordeonisten gerichtet. Im Akkordeonunterricht sind die vorliegenden Stückes als Übungs- und Aufführungsmaterial hervorragend geeignet. Der Schwierigkeitsgrad variiert von leicht bis anspruchsvoll, wobei das Thema immer einfacher zu spielen ist als die Variation. Sollten einzelne Variationen zunächst zu schwer sein, genügt hier das Spielen des Themas.

Bei der Schreibweise für Akkordeon scheiden sich bekanntlich die Geister. In Anbetracht der Tatsache, dass es hierzulande üblich ist, die Akkordbezifferung zusätzlich anzugeben, habe auch ich mich zu dieser Schreibweise entschlossen.
Die Notation der linken Hand ist für Standardbassakkordeon (M II) gedacht. Weil es beim polyphonem Spielen und den Bassläufen oft mehrere Griffmöglichkeiten gibt, verzichtete ich auf das Unterstreichen der Buchstaben der Terzreihe.
Auch wenn der Fingersatz der rechten Hand der Pianotastatur angepasst ist - spielbar sind die Stücke (evtl. mit kleinen Korrekturen) auch auf dem Knopfakkordeon.
Die Registrierung ist oft eine Geschmackssache. Deswegen habe ich, wo es nicht unbedingt nötig war, keine Angaben gemacht. Grundsätzlich lässt sich feststellen, dass es ist nicht üblich ist, russische Volksmusik mit einem Tremolo-Register zu spielen. Eine gute Ausgangsregistrierung ist also einchörig 8' oder das so genannte Oboen-Register 8'+4'.
Ich wünsche allen Liebhabern der russischen Volksmusik viel Vergnügen mit diesem Notenheft.

Andreas Wins

Über den Autor

Andreas Wins wurde am 31 Dezember 1959 im kleinen Dorf in der Nähe von Omsk in Westsibirien (Russland) geboren. Mit 6 Jahren erhält er seinen ersten Klavierunterricht, mit 8 Jahren wechselt er zum Akkordeon. Er genoss, während seiner Ausbildung zum Akkordeonorchesterleiter, in den Fächern Arrangieren und Dirigieren den Unterricht vom Komponisten und Dirigenten Waleriy Bolschakoff. Sein Mentor hat ihm auch das Komponieren nahegelegt. In den folgenden Jahren sammelt er Erfahrungen als Leiter von Ensembles (Chor, Orchester, Band), die, unter seiner Leitung und mit seinen Bearbeitungen bzw. Eigenkompositionen, mehrfach Wettbewerbe gewonnen haben.
Seit 1992 lebt er mit seiner Familie in Deutschland. Auch hier geht das Musikleben weiter: Musikschulunterricht, Orchesterleitung (Sinfonisches-, Musical- und Akkordeonorchester) und, seine Leidenschaft, das Setzen von Noten für Ensembles jeglicher Art.

Webseite des Autors: http://www.notenerstellen.de

Das Cover zeigt ein Weltmeister-Akkordeon von der Firma Harmona GmbH - Klingenthal.
http://www.akkordeon-klingenthal.de

Wins, Andreas: Russische Melodien für Akkordeon
Best.-Nr.: SM 6340
ISMNM-700114-54-1
ISBN-940474-21-6

Schell Music
Am Beedenkamp 10
22559 Hamburg (Germany)
www.schellmusic.de

Inhaltsverzeichnis

Bearbeitungen für Akkordeon: Andreas Wins

Herrlicher See - heiliger Baikal

Славное море - священный Байкал

russisches Volkslied

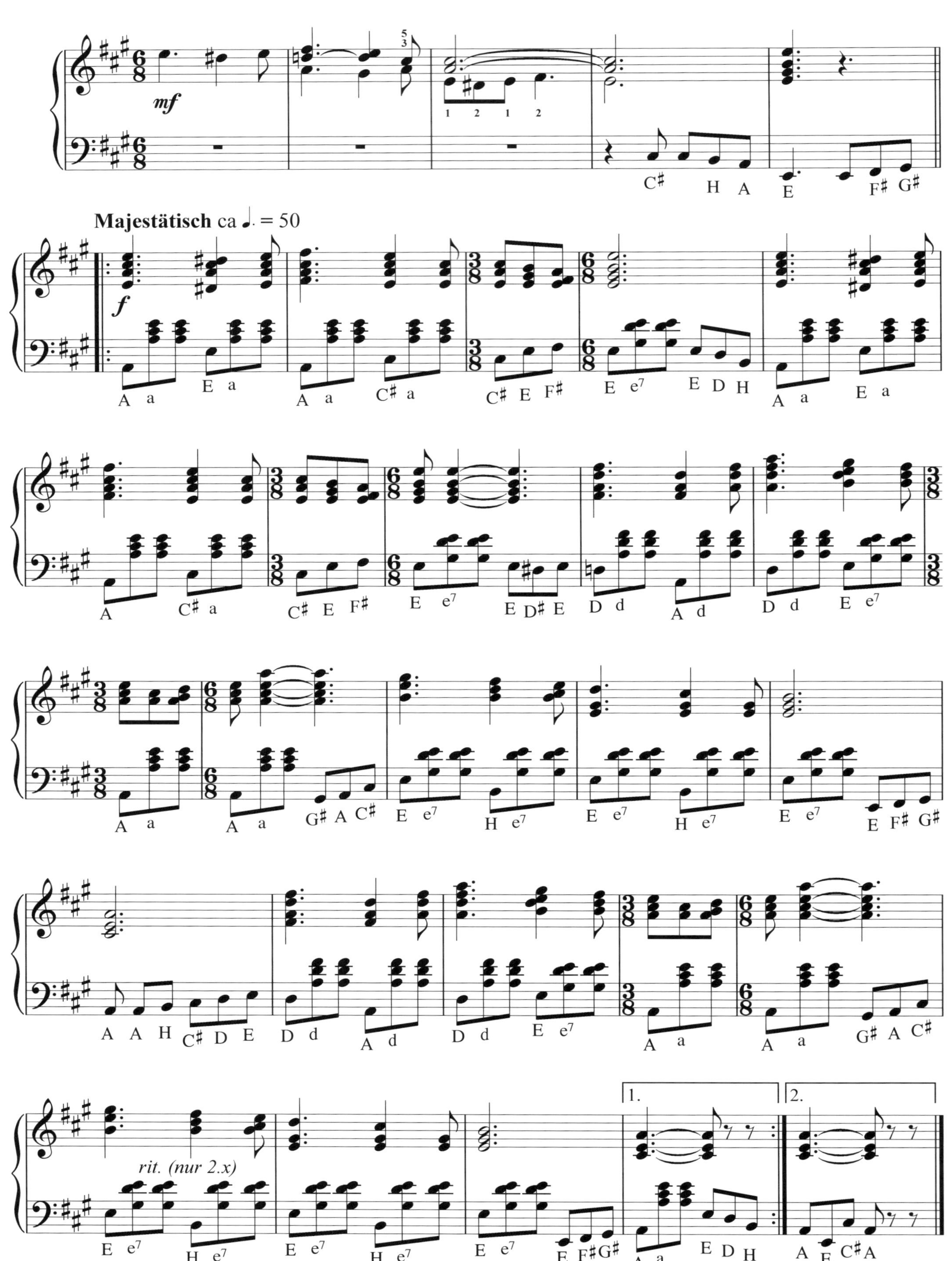

Es scheint der Mond, der helle

Светит месяц, светит ясный

russisches Volkslied

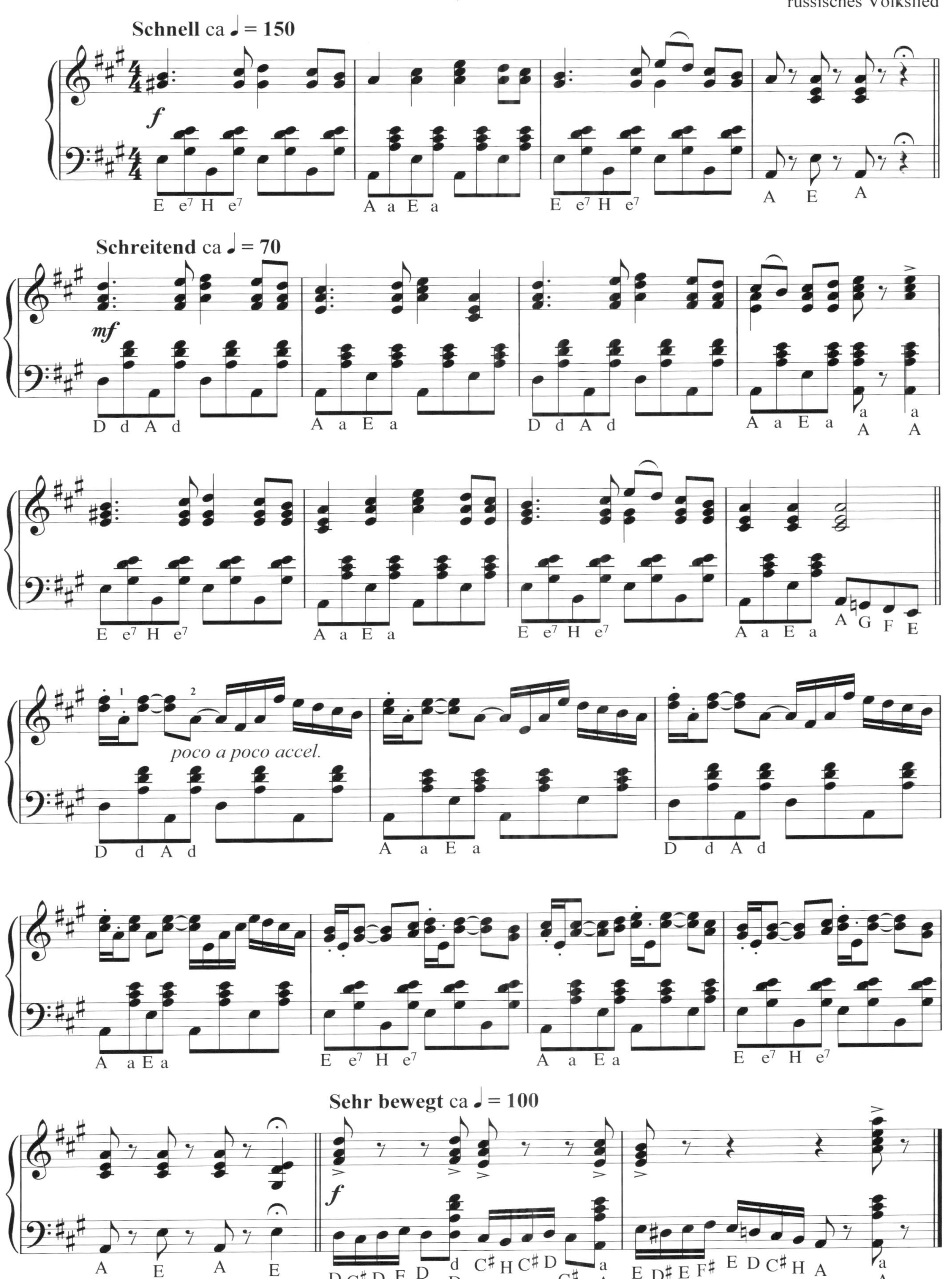

Einsam stand ´ne Birke auf dem Felde

Во поле берёза стояла

russisches Volkslied

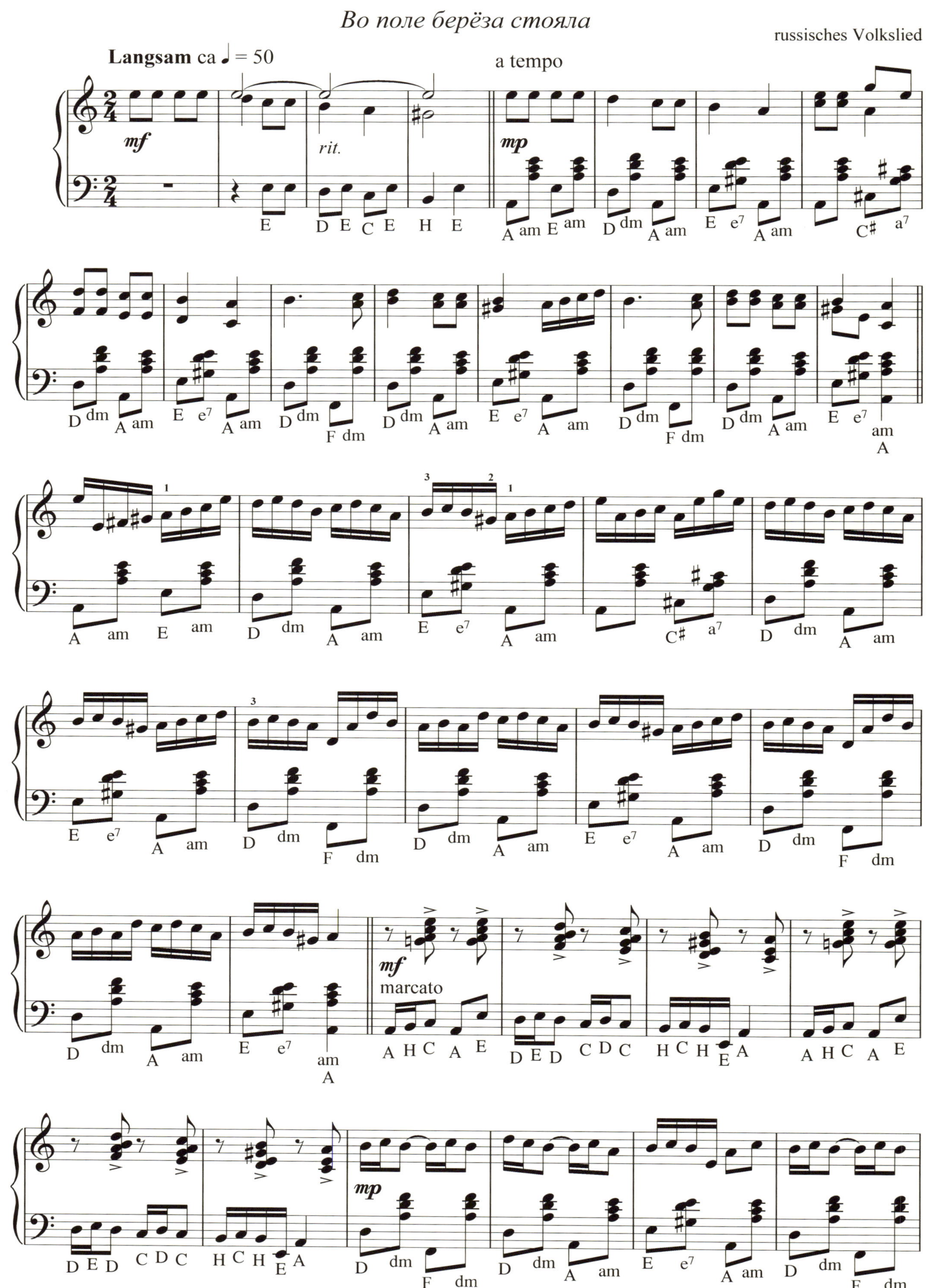

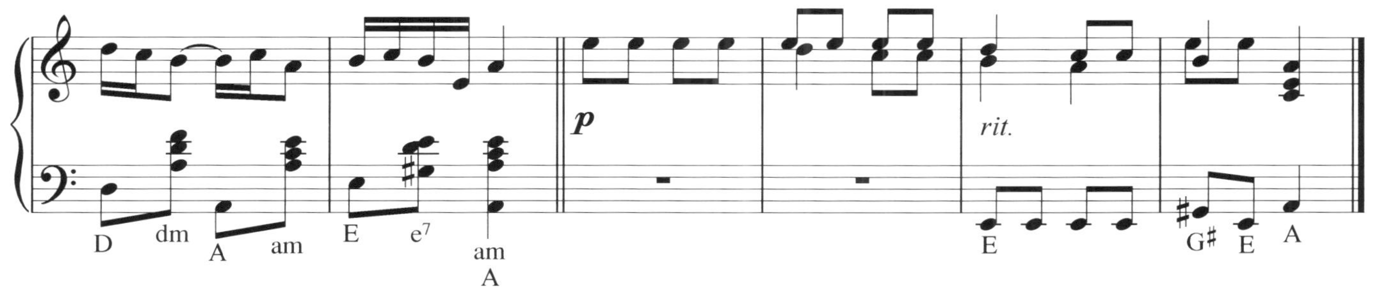

Einsames Glöckchen

Однозвучно звенит колокольчик

russisches Volkslied

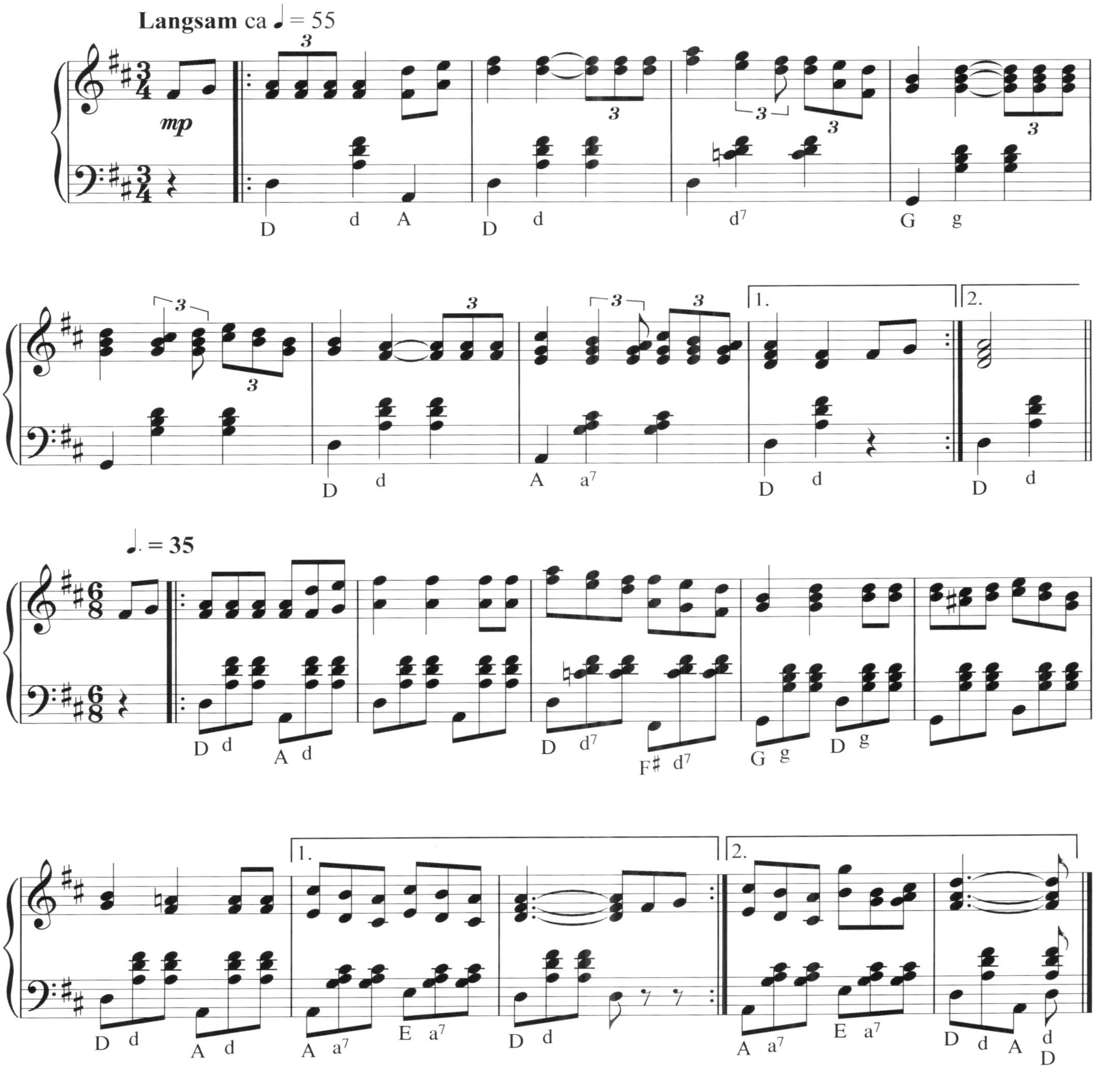

Langsam ca ♩ = 55

mp

D d A D d d7 G g

D d A a7 D d D d

♩. = 35

D d A d D d7 F♯ d7 G g D g

D d A d A a7 E a7 D d A a7 E a7 D d A d D

Kalinka

Калинка

russisches Volkslied

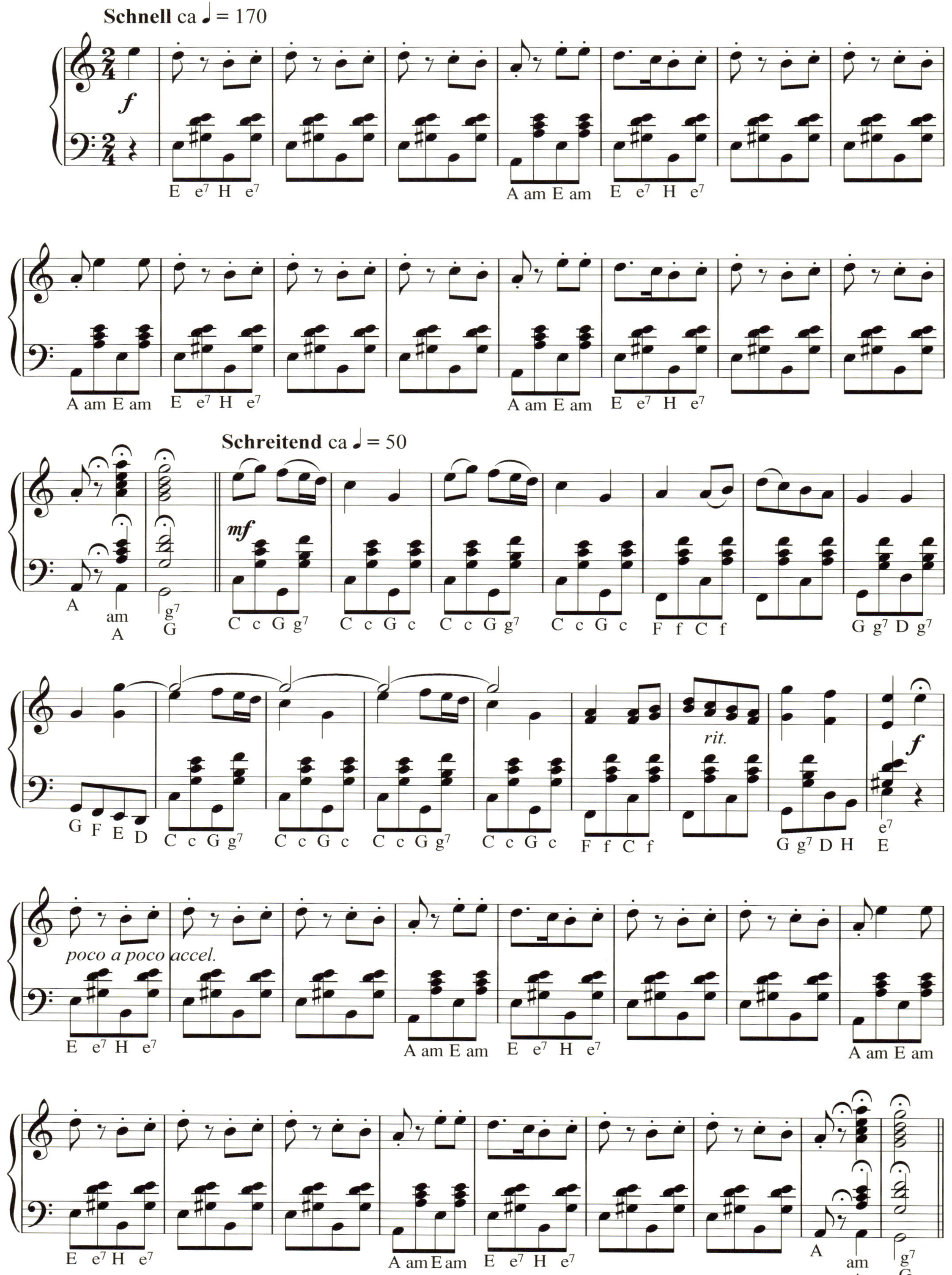

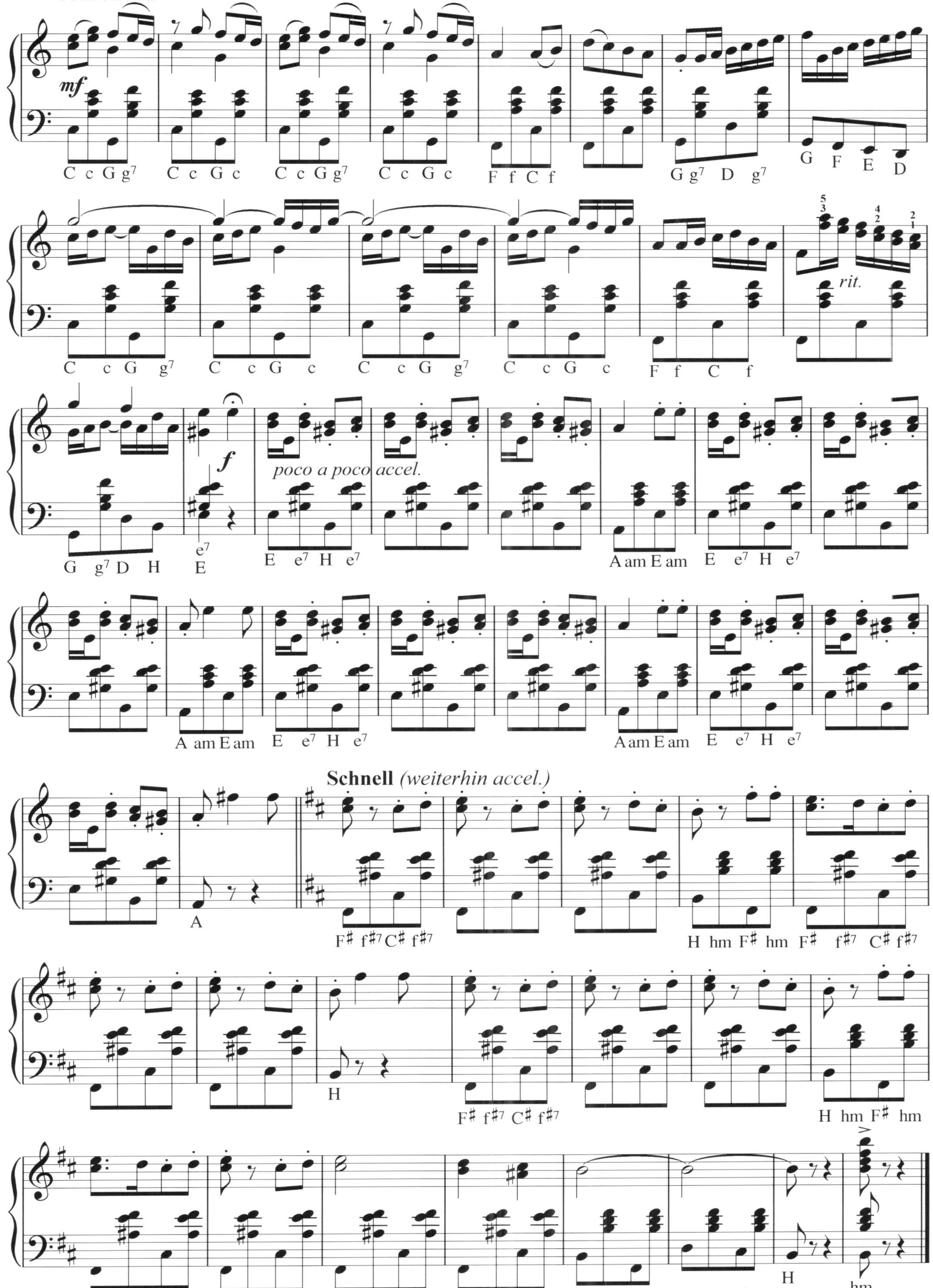
Schreitend
mf
C c G g7 C c G c C c G g7 C c G c F f C f G g7 D g7 G F E D
C c G g7 C c G c C c G g7 C c G c F f C f
rit.
f
poco a poco accel.
G g7 D H e7 E E e7 H e7 A am E am E e7 H e7
A am E am E e7 H e7 A am E am E e7 H e7
Schnell (weiterhin accel.)
A F♯ f♯7 C♯ f♯7 H hm F♯ hm F♯ f♯7 C♯ f♯7
H F♯ f♯7 C♯ f♯7 H hm F♯ hm
F♯ f♯7 C♯ f♯7 H hm F♯ hm D hm C♯ hm H hm H

Die Posttroika

Вот мчится тройка почтовая

russisches Volkslied

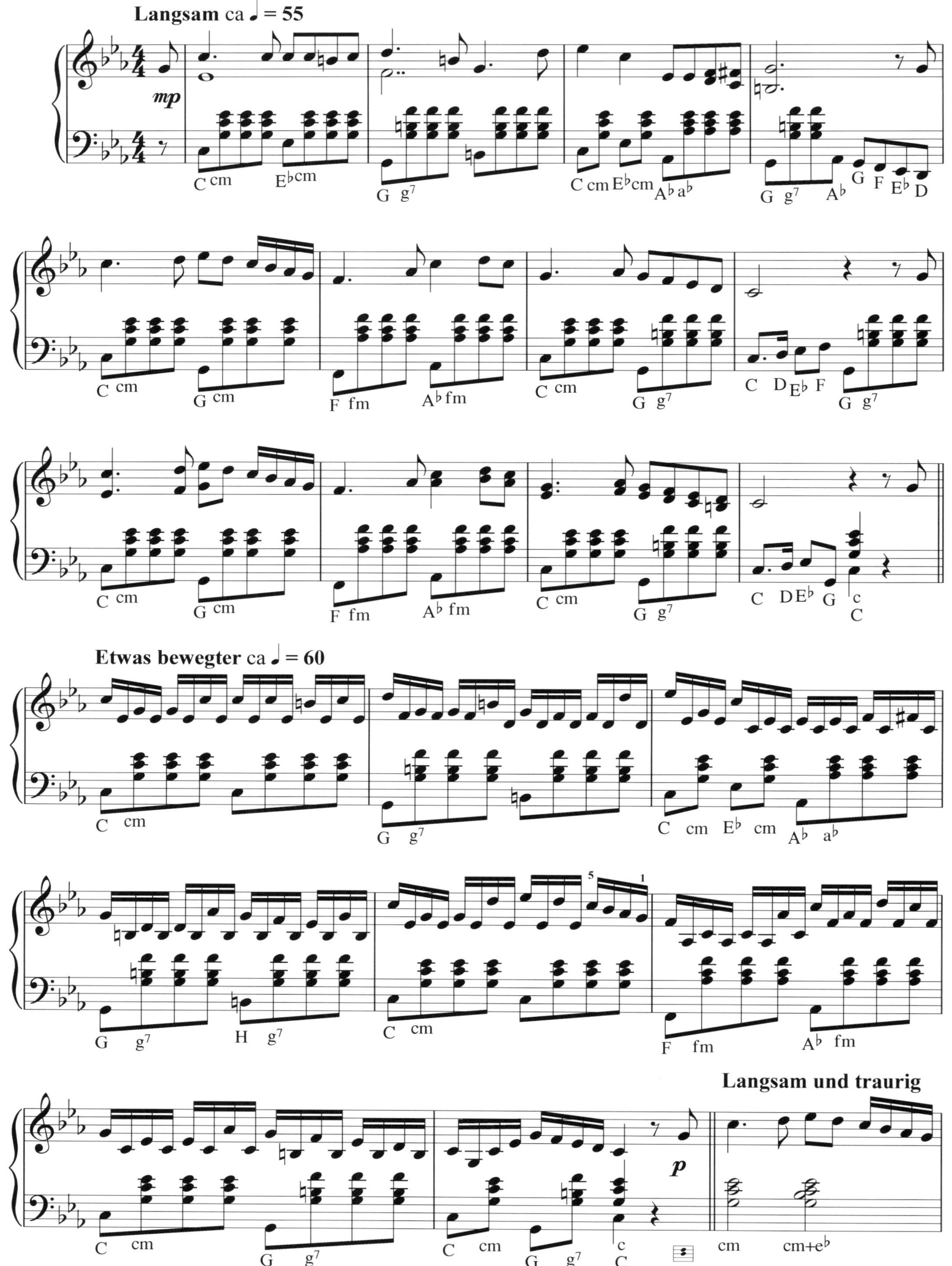

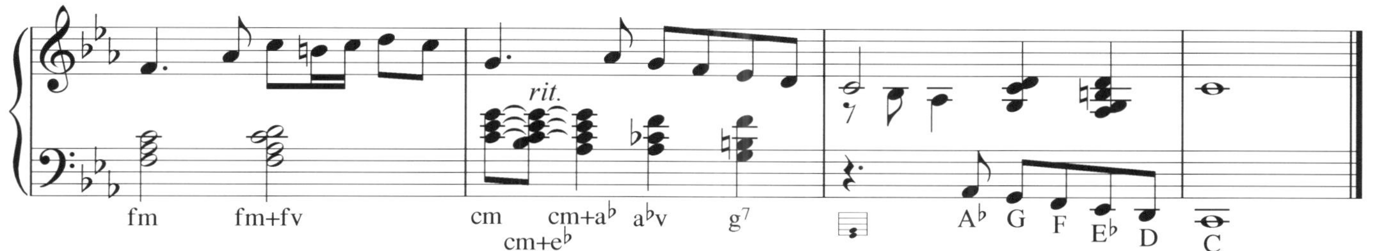

Der Postreiter

Когда я на рочте

russisches Volkslied

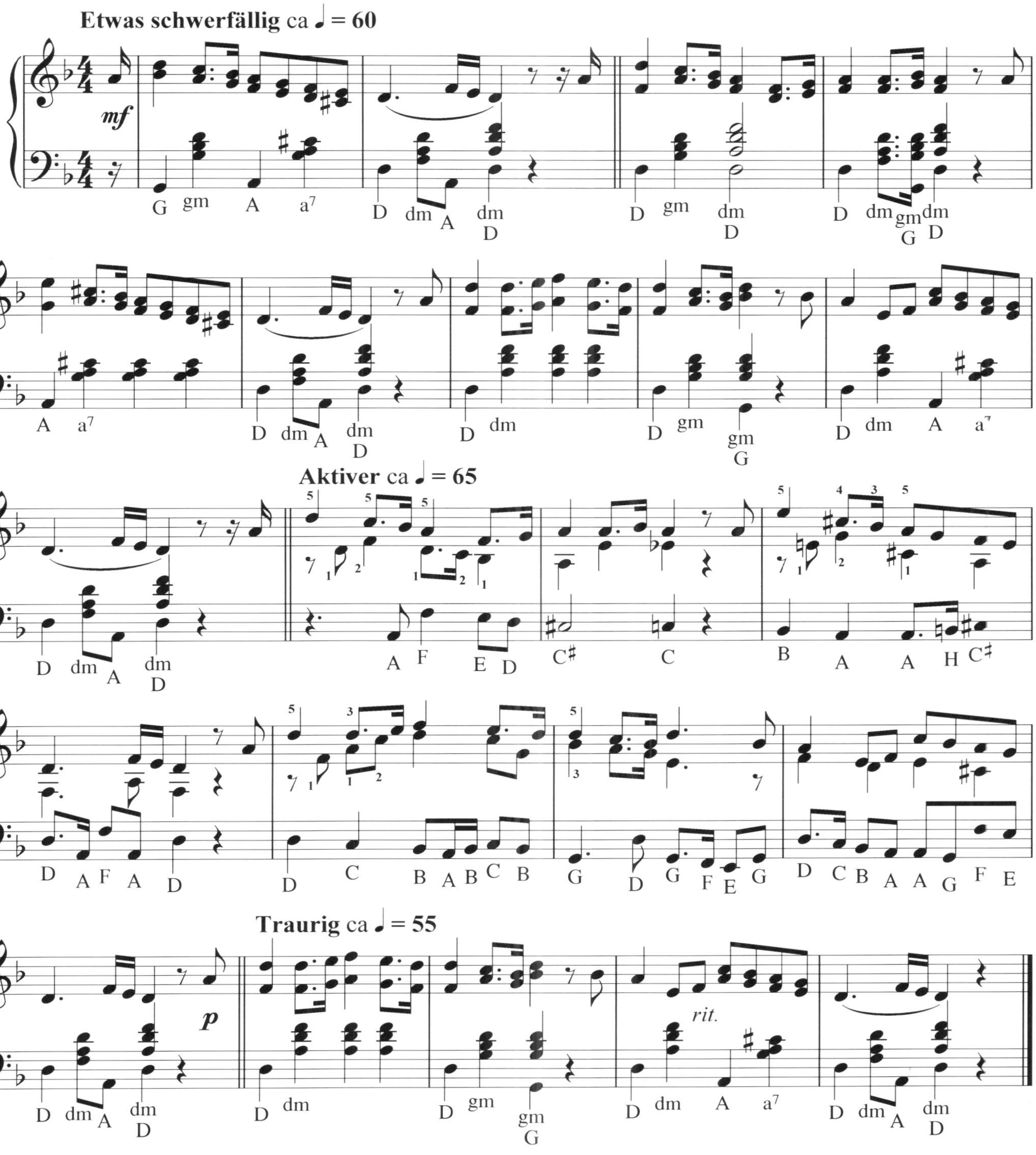

Etwas schwerfällig ca ♩ = 60

mf

G gm A a7 | D dm A dm D | D gm dm D | D dm gm G dm D

A a7 | D dm A dm D | D dm | D gm gm G | D dm A a7

D dm A dm D

Aktiver ca ♩ = 65

A F E D | C♯ C | B A A H C♯

D A F A D | D C B A B C B | G D G F E G | D C B A A G F E

Traurig ca ♩ = 55

p

D dm A dm D | D dm | D gm gm G | D dm A a7 | D dm A dm D

rit.

Hej du, Frost

Ей, мороз мороз

russisches Volkslied

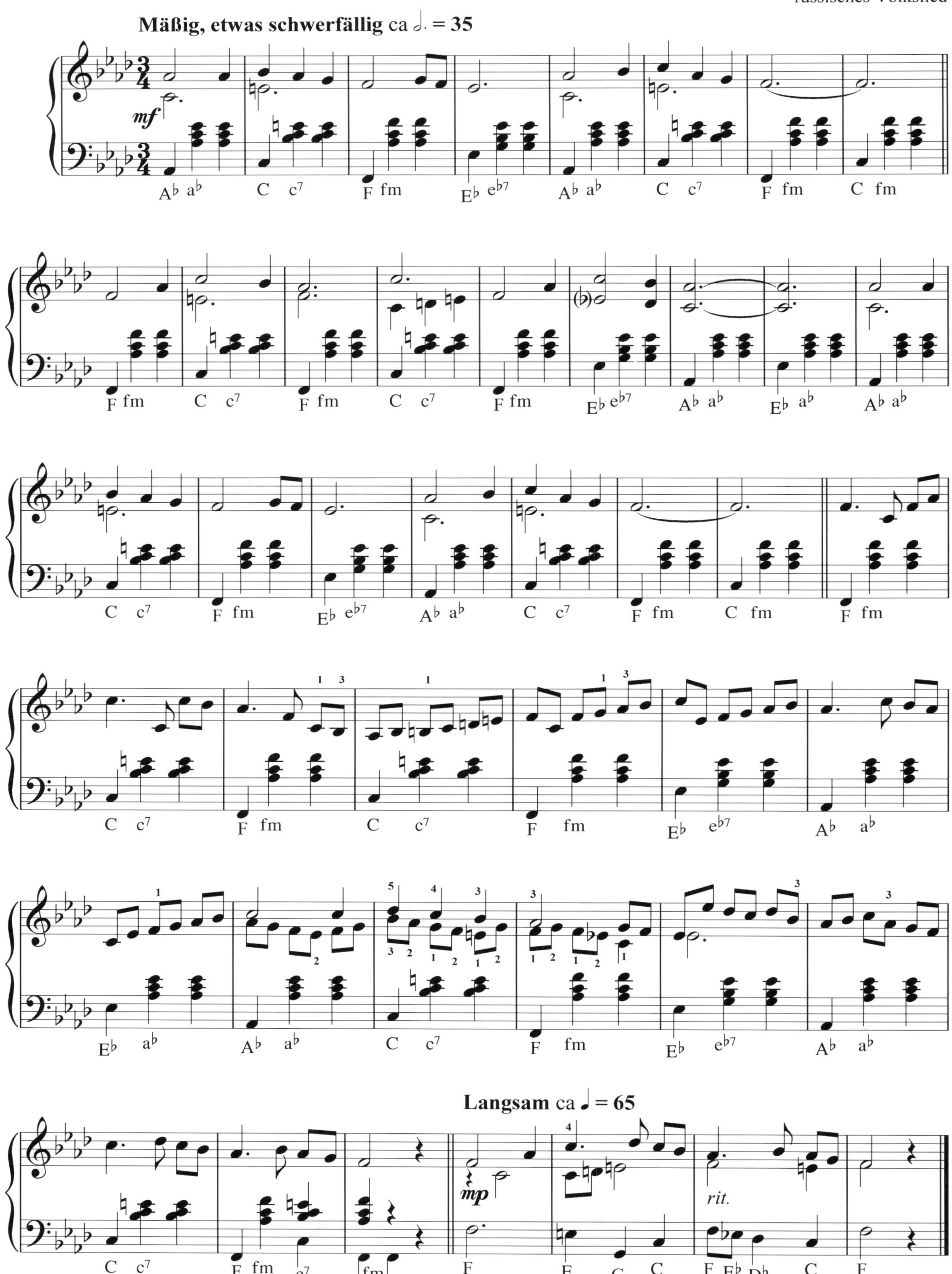

Eine Jungfrau mit schönem Antlitz

Белоличка, круглоличка

russisches Volkslied

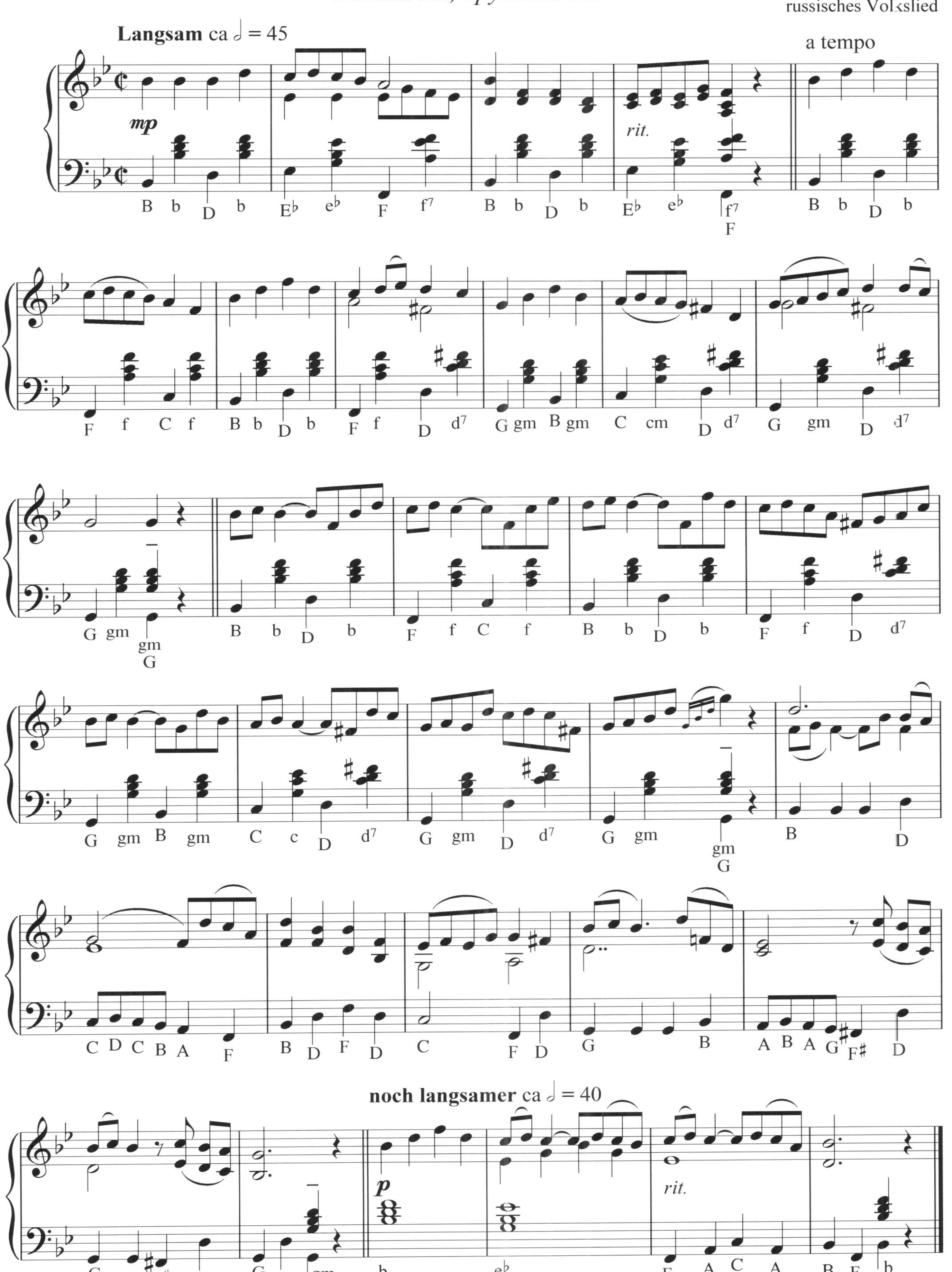

Korobuschka

Коробушка

russisches Volkslied

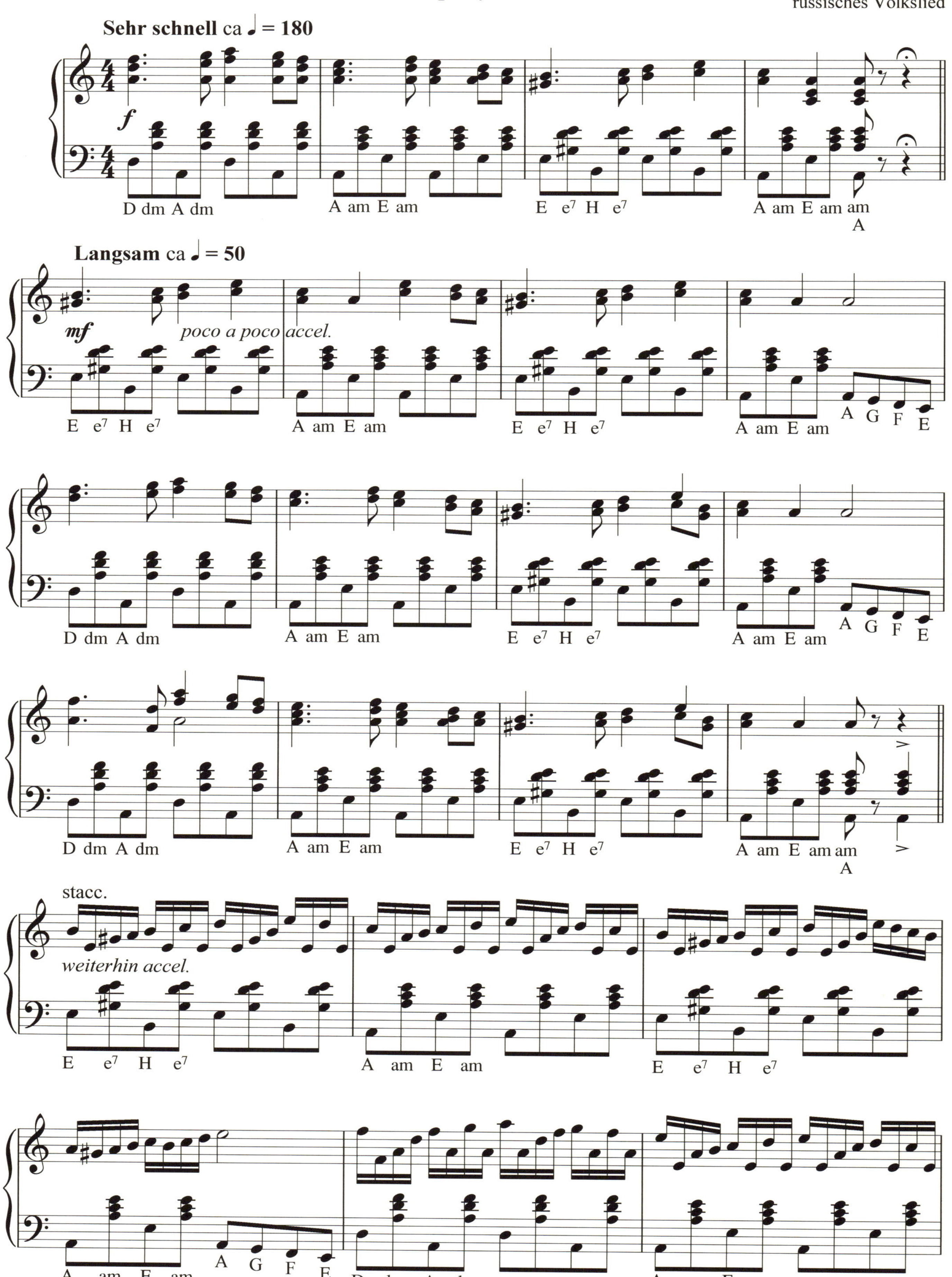

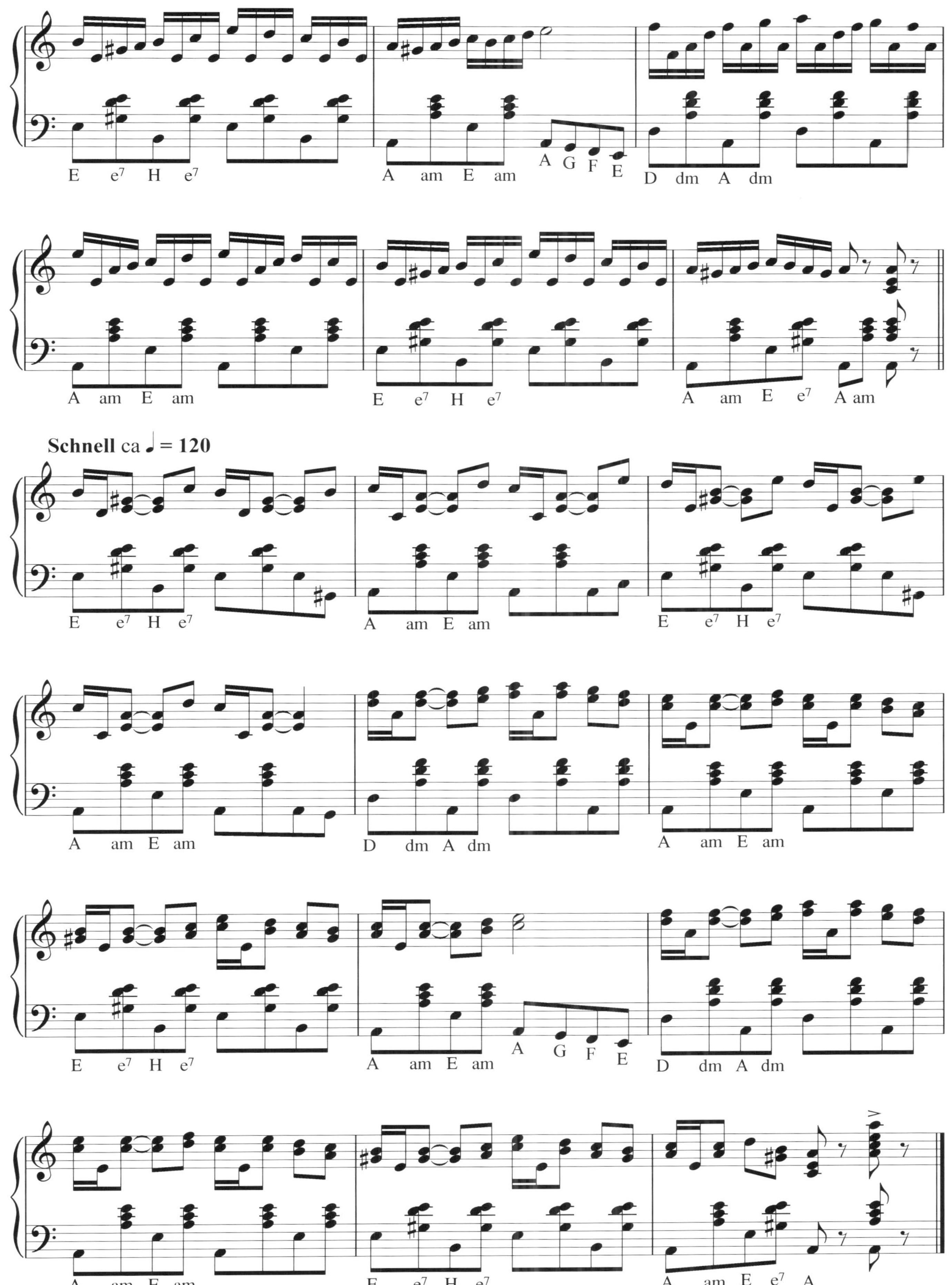
E e^{7} H e^{7} A am E am A G F E D dm A dm
A am E am E e^{7} H e^{7} A am E e^{7} A am
Schnell ca ♩ = 120
E e^{7} H e^{7} A am E am E e^{7} H e^{7}
A am E am D dm A dm A am E am
E e^{7} H e^{7} A am E am A G F E D dm A dm
A am E am E e^{7} H e^{7} A am E e^{7} A

Schneegestöber

Вдоль по улице метелица метёт

russisches Volkslied

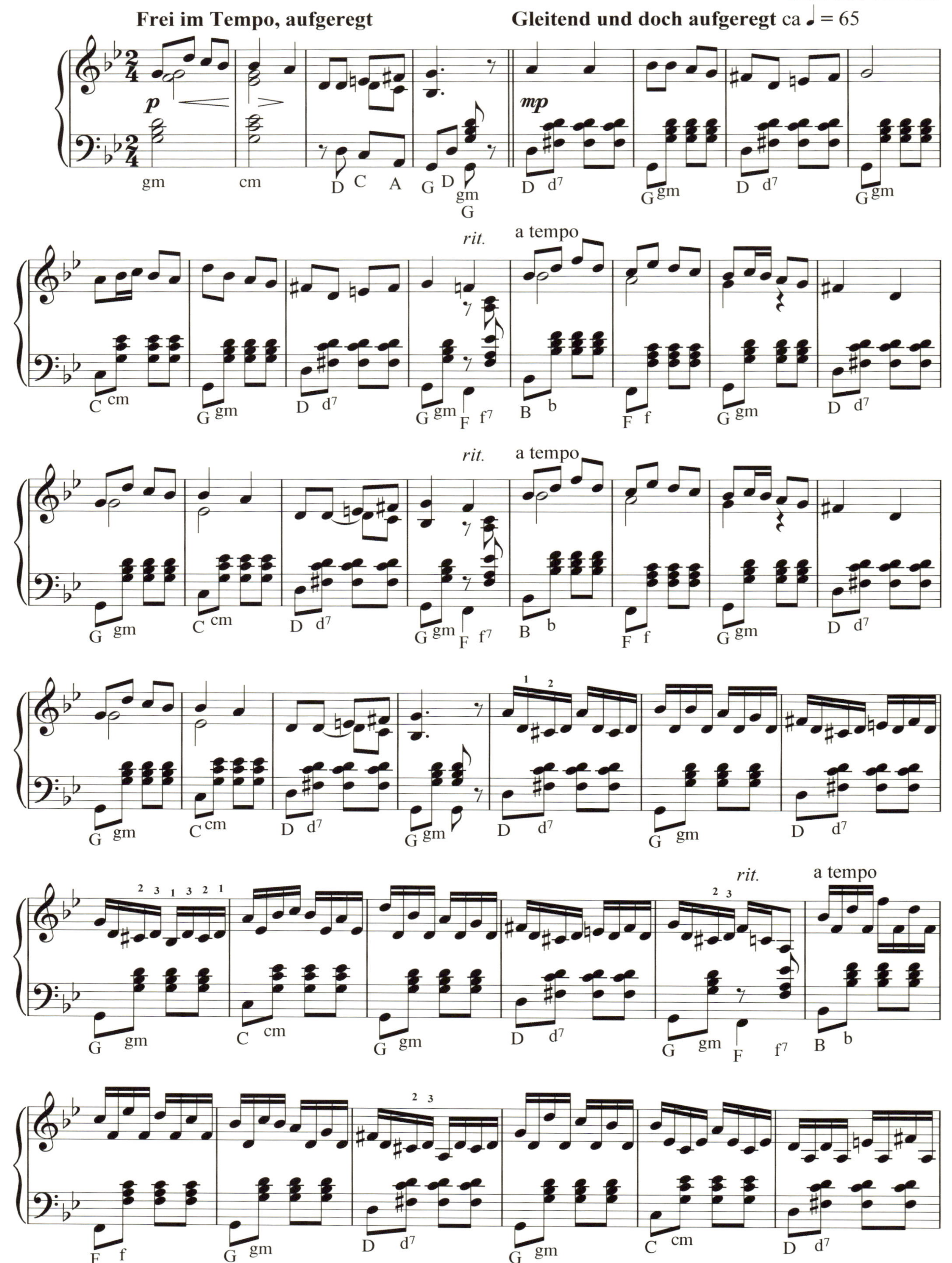

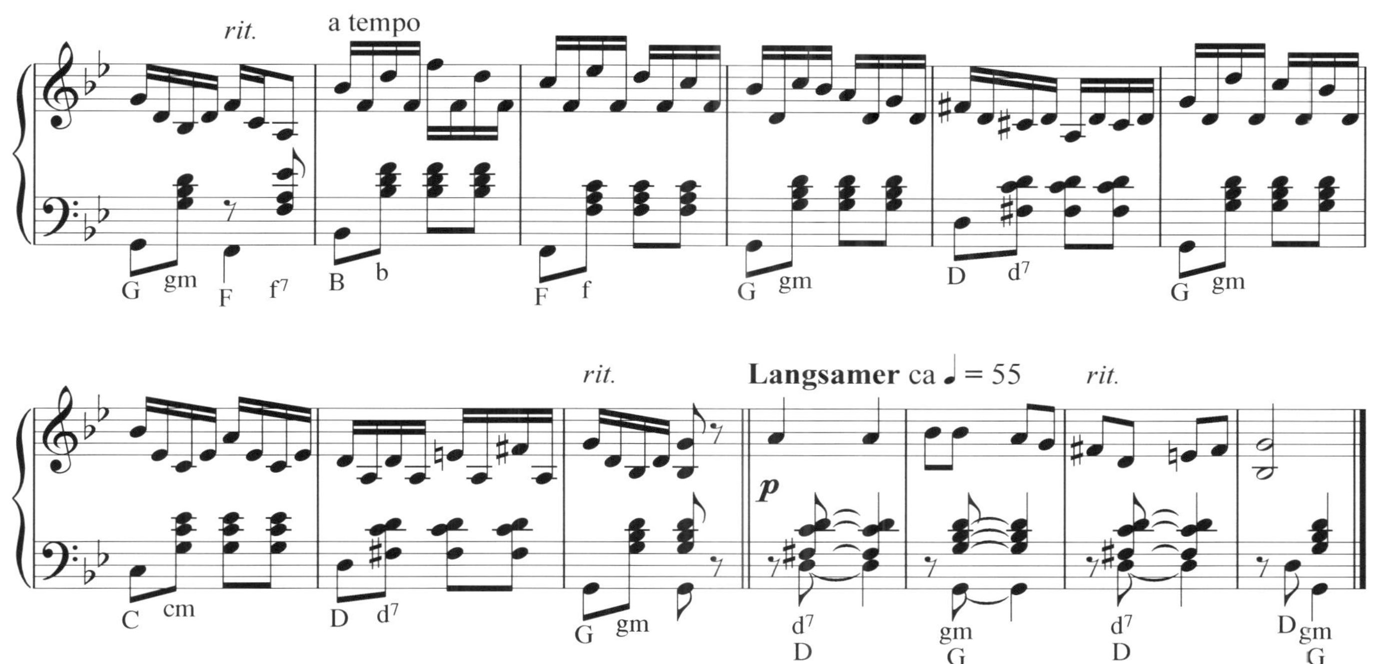

Schlaf, mein Kleiner

Спи младенец

Kosakenwiegenlied

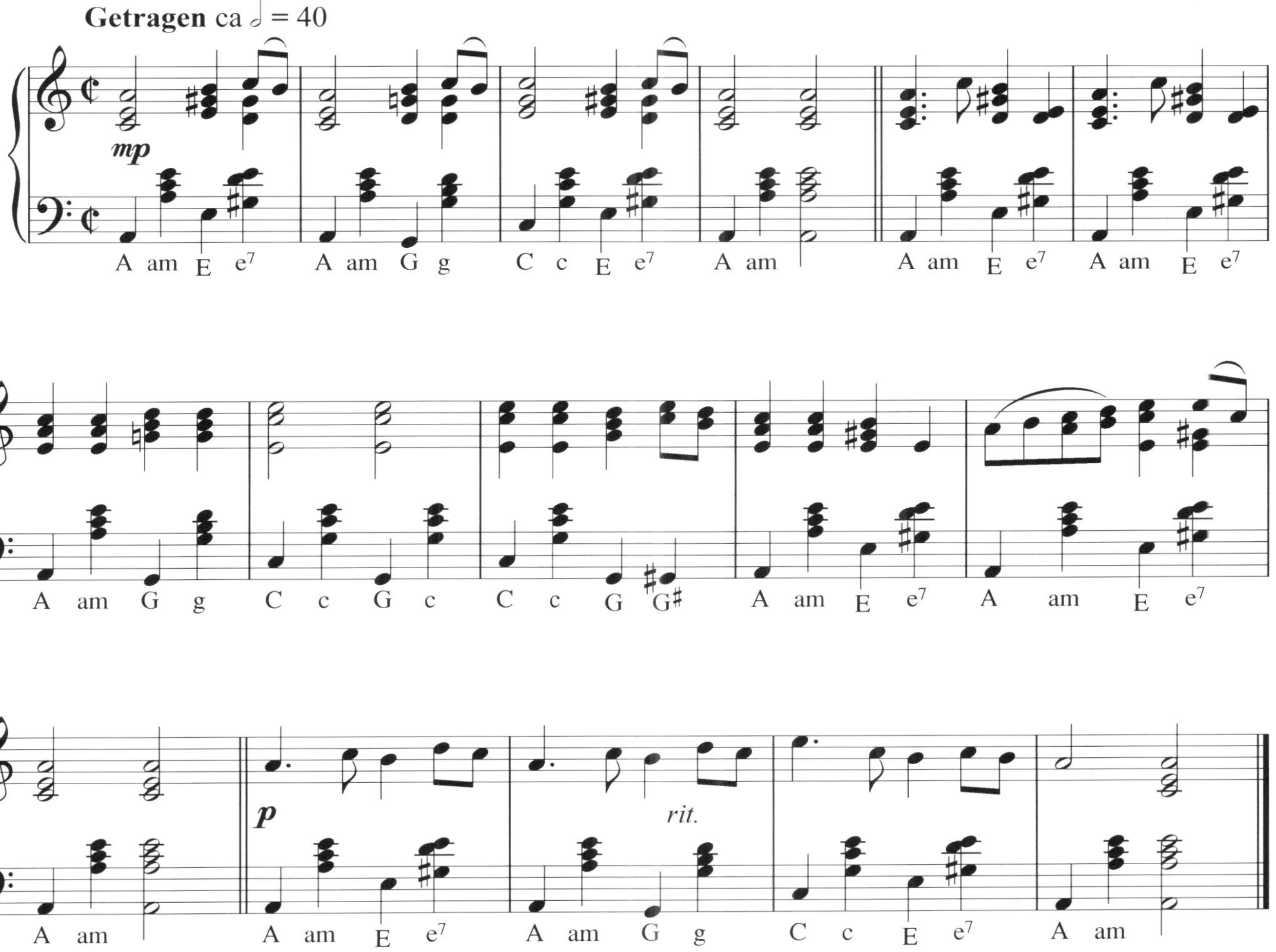

Getragen ca 𝅗𝅥 = 40

mp

A am E e7 | A am G g | C c E e7 | A am || A am E e7 | A am E e7

A am G g | C c G c | C c G G♯ | A am E e7 | A am E e7

A am || *p* A am E e7 | A am G g *rit.* | C c E e7 | A am

Amurpartisanen

По долинам и по взгорьям

russisches Volkslied

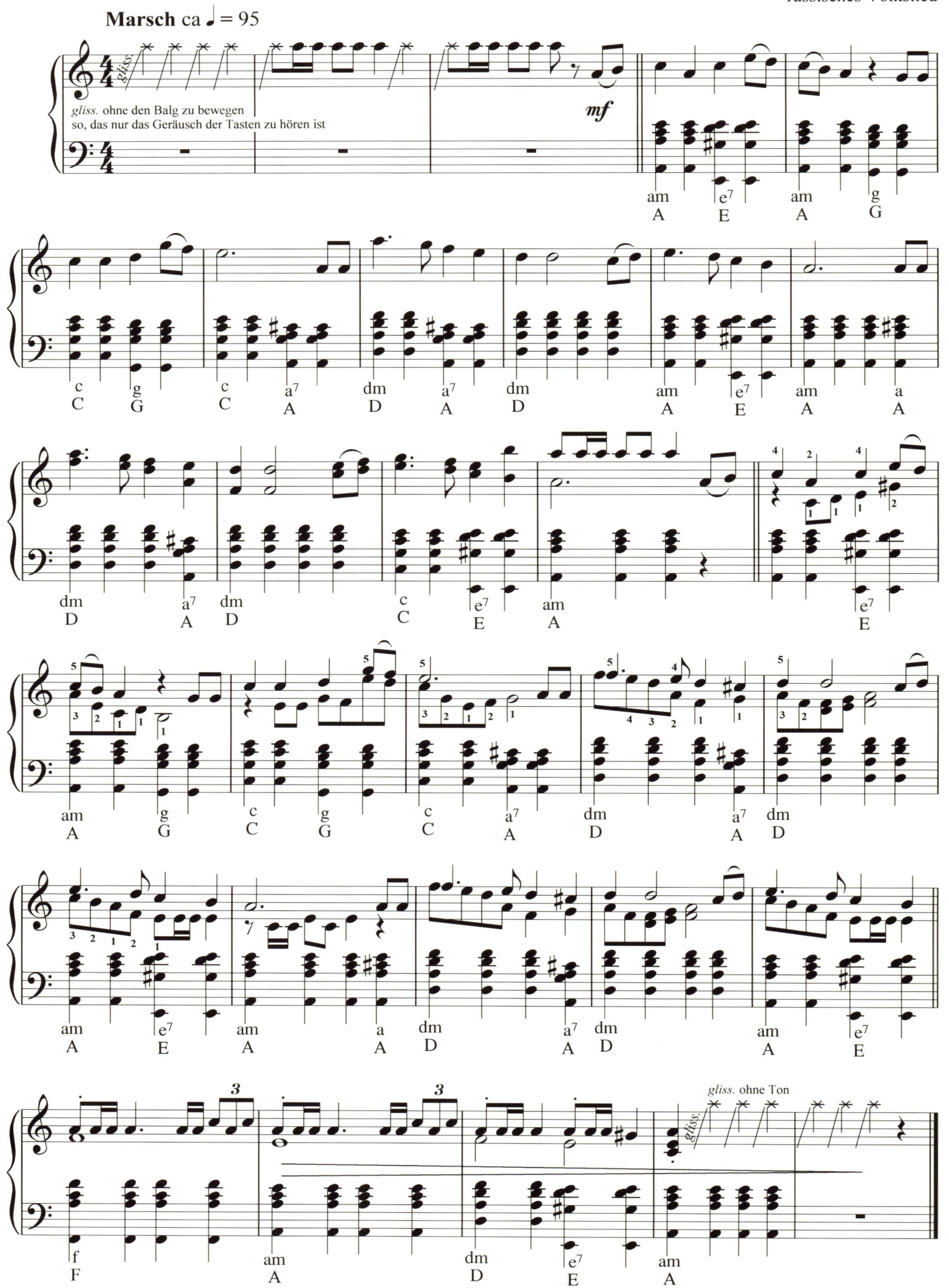

Kosakenpatrouille

Полюшко, поле

Kosakenlied

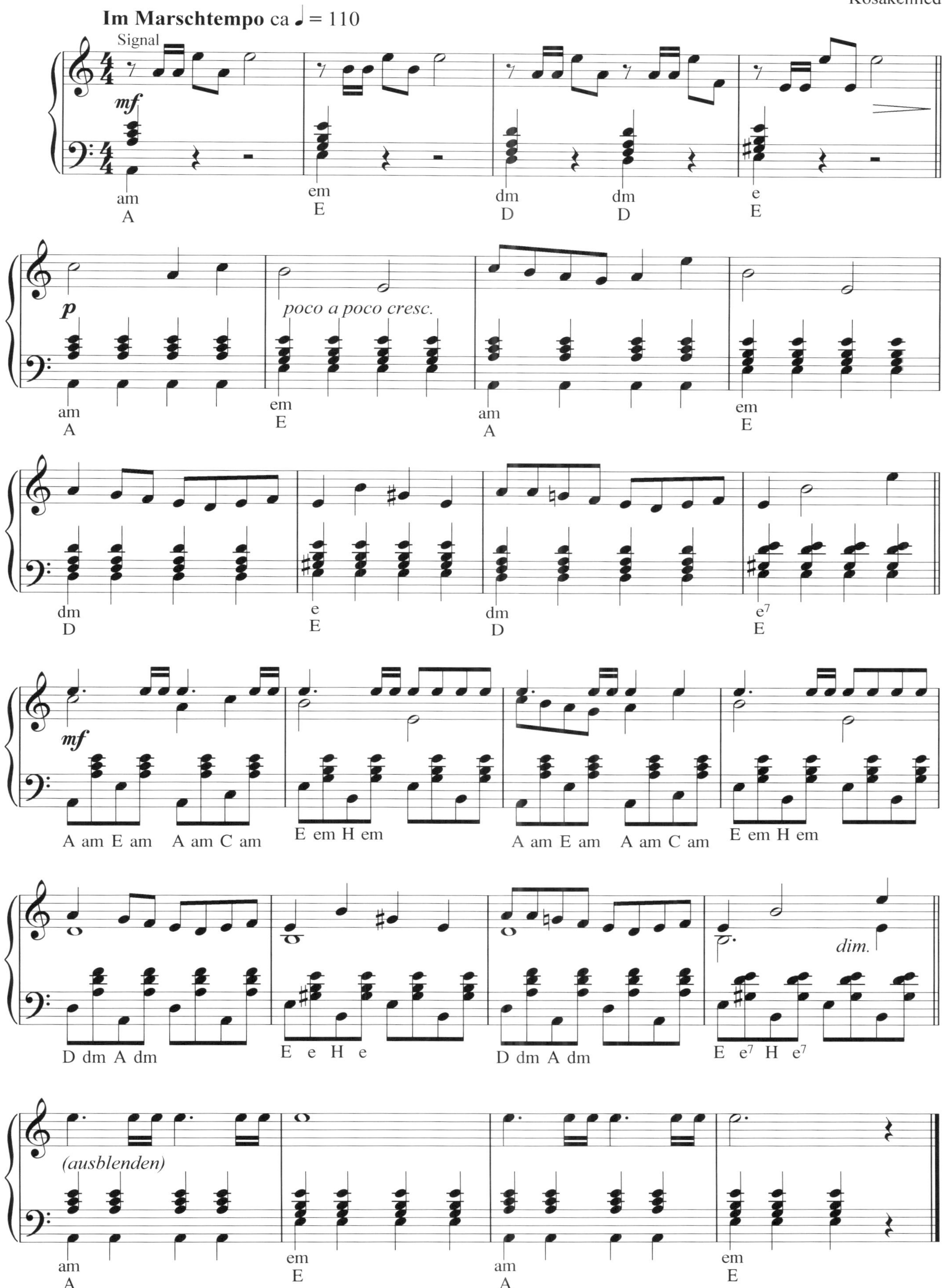

Zwei Gitarren

Две гитары

Zigeunerromanze

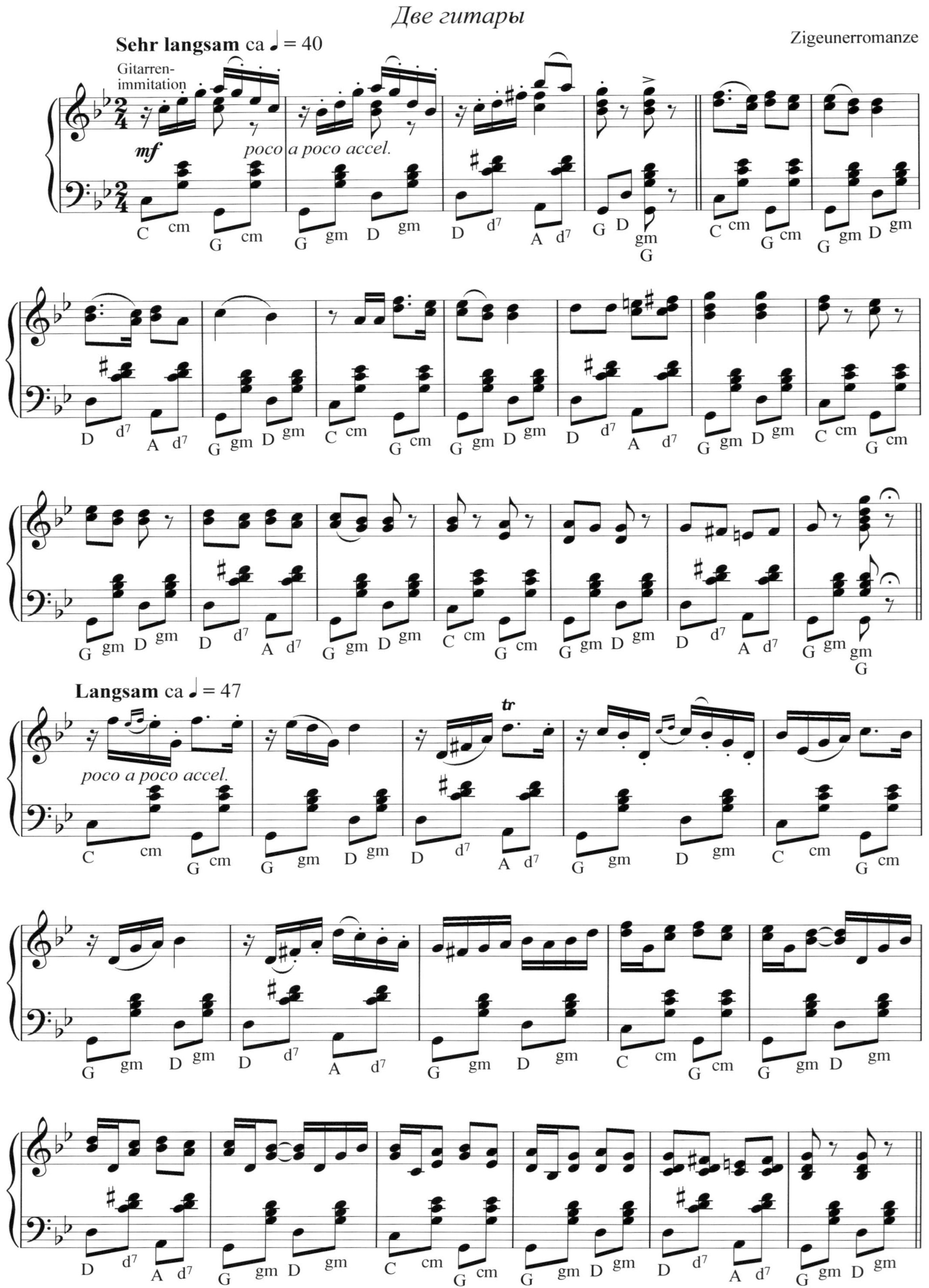

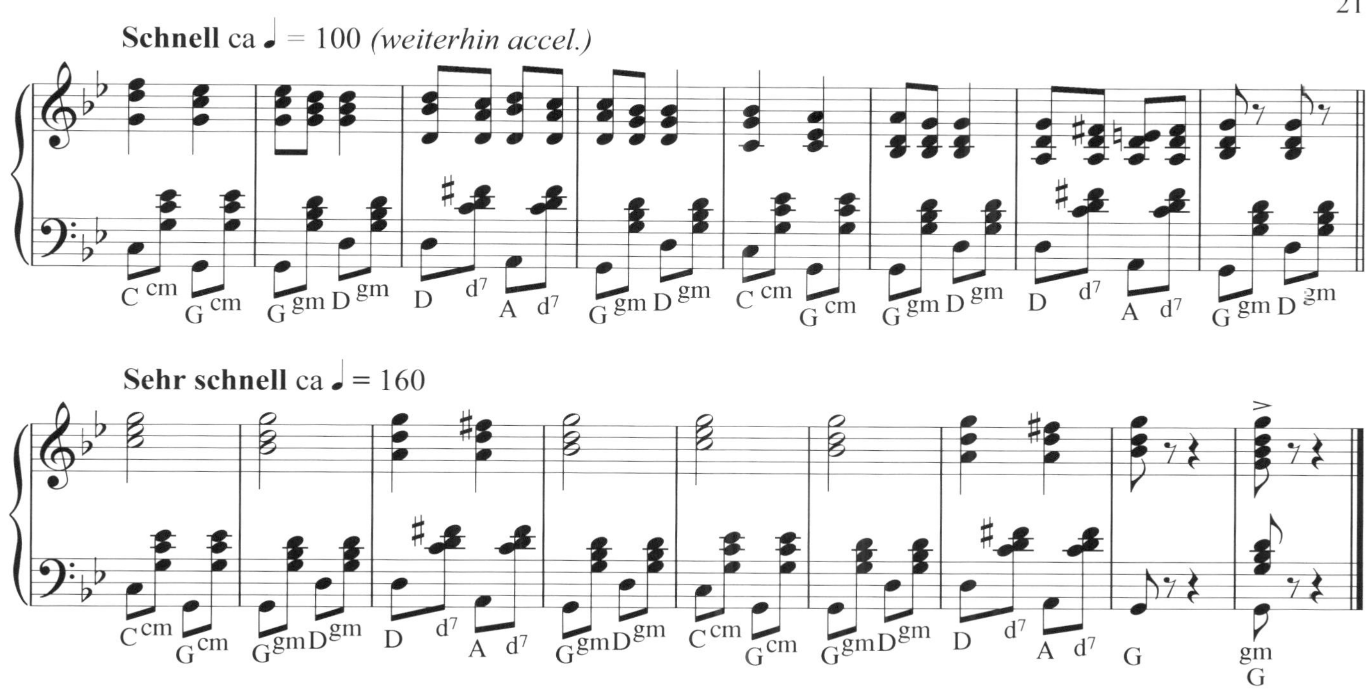

Sulikó

Сулико

georgisches Volkslied

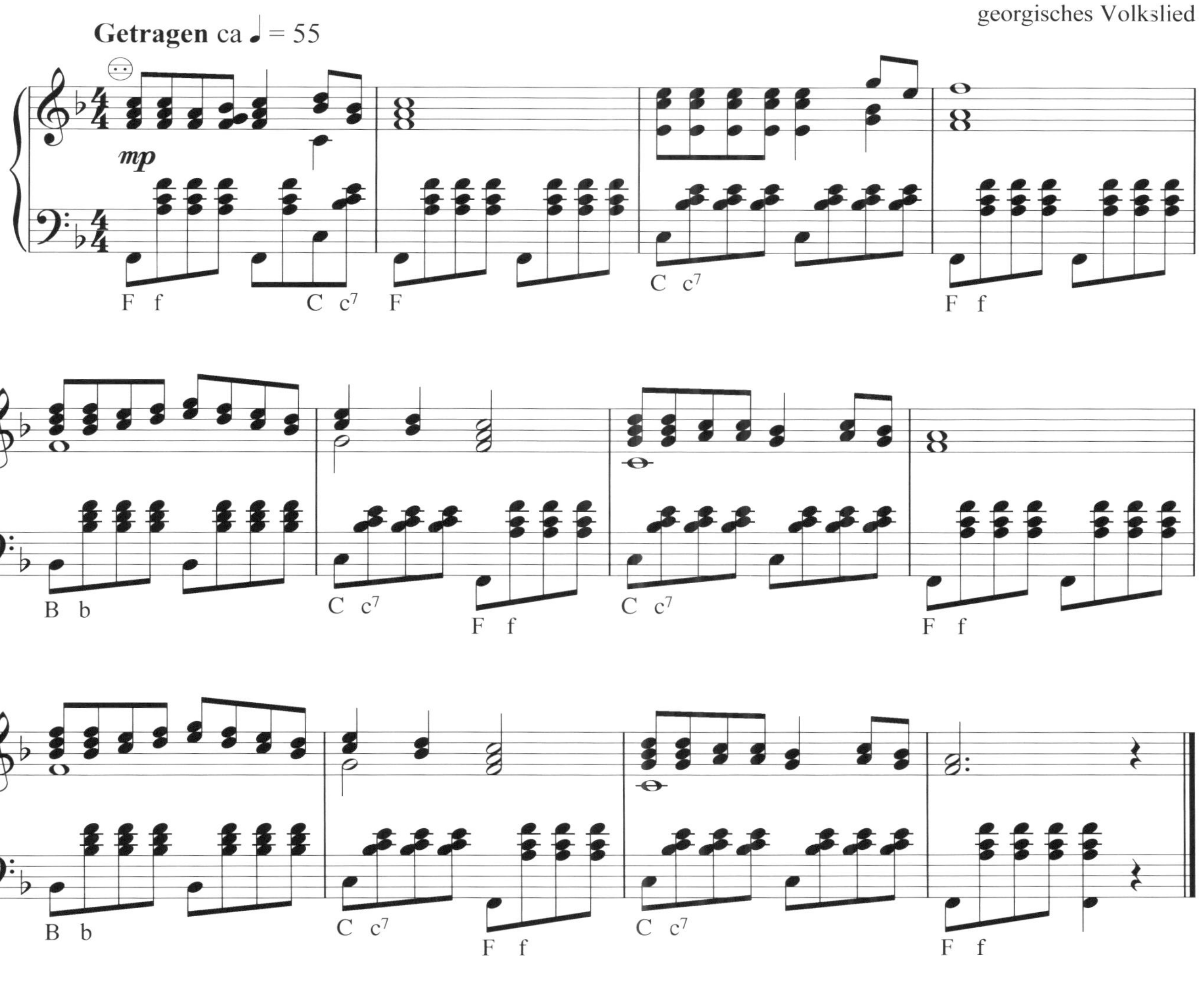

Getragen ca ♩ = 55

mp

F f C c7 F C c7 F f

B b C c7 F f C c7 F f

B b C c7 F f C c7 F f

Schlanke Eberesche

Тонкя рябина

russisches Volkslied

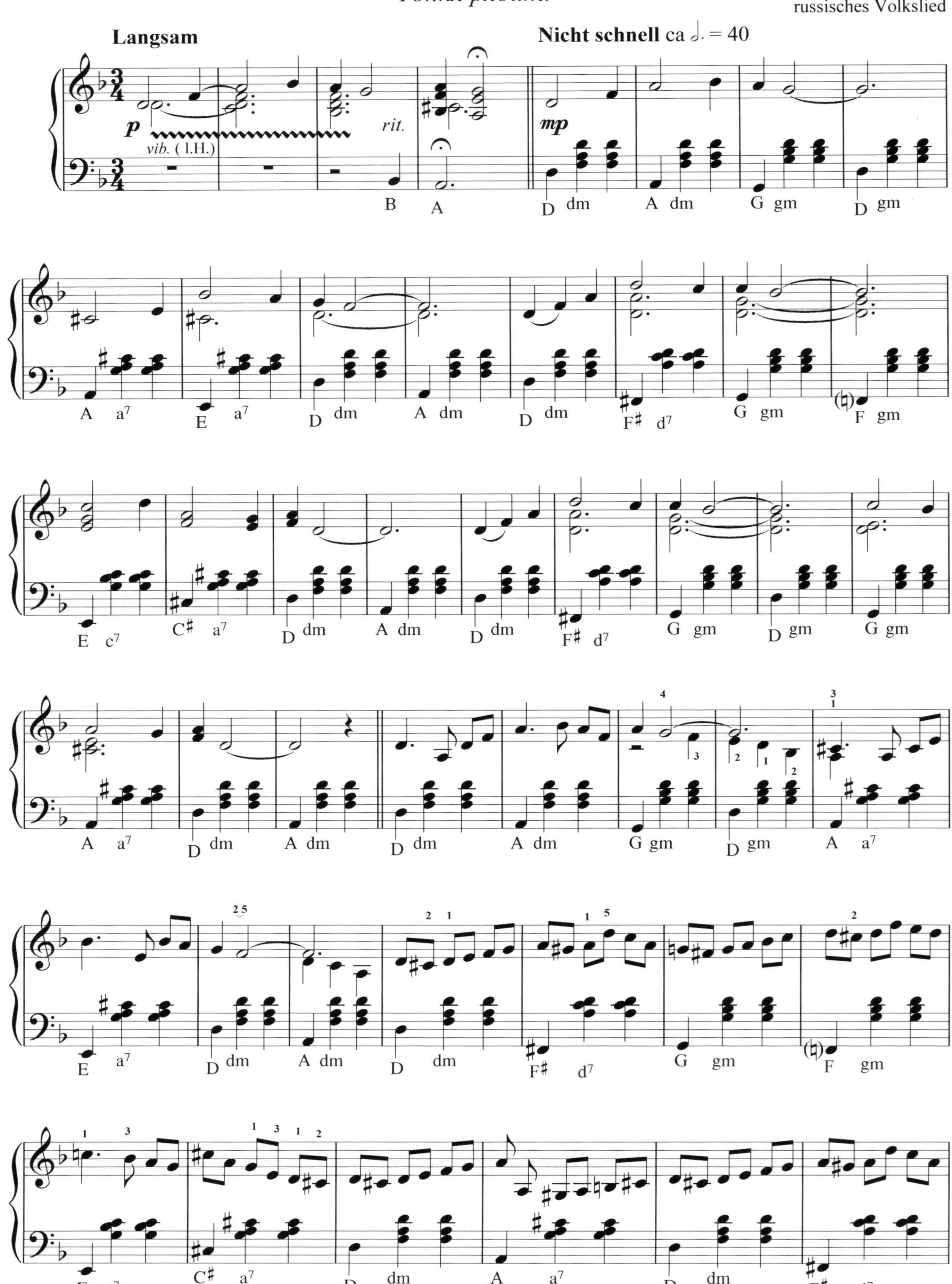

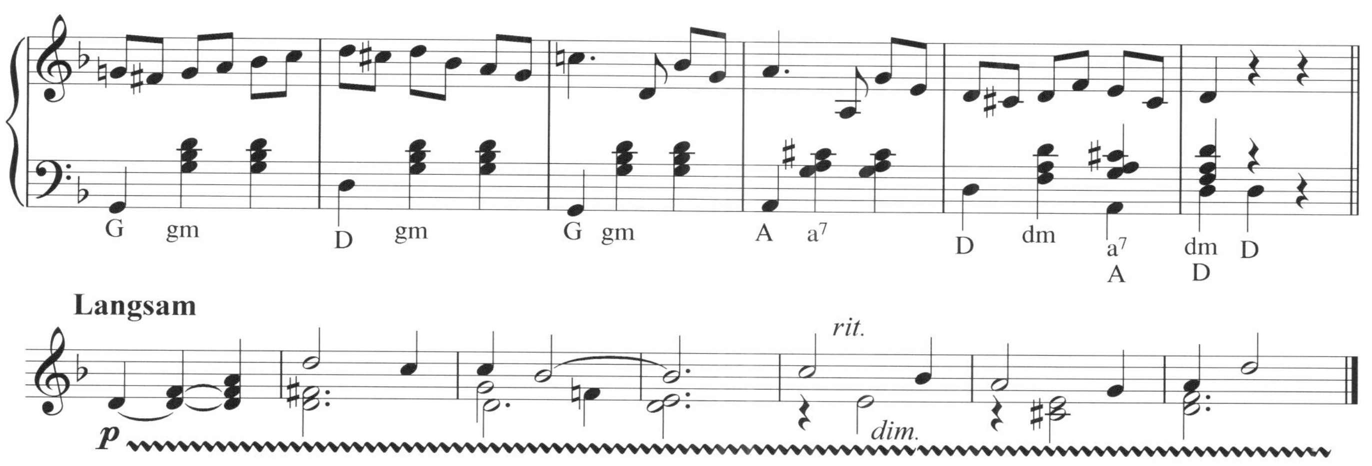

Abendglocken

Вечерний звон

russisches Volkslied

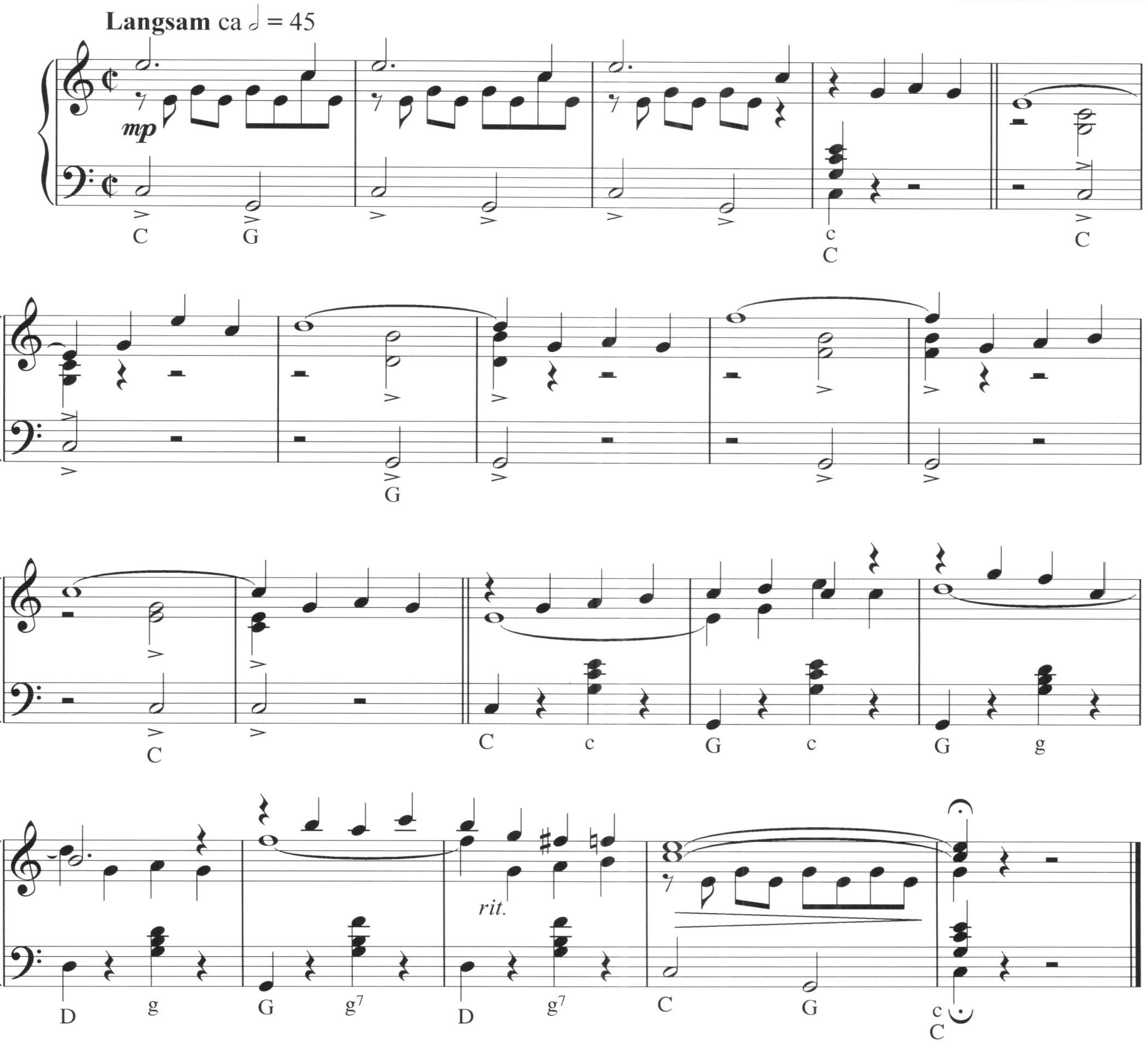

Langsam ca 𝅗𝅥 = 45

mp

C G c C C G C C G D g G g7 D g7 C G c C

rit.

Diese leidenschaftlichen schwarzen Augen

Очи чёрные

Zigeunerromanze

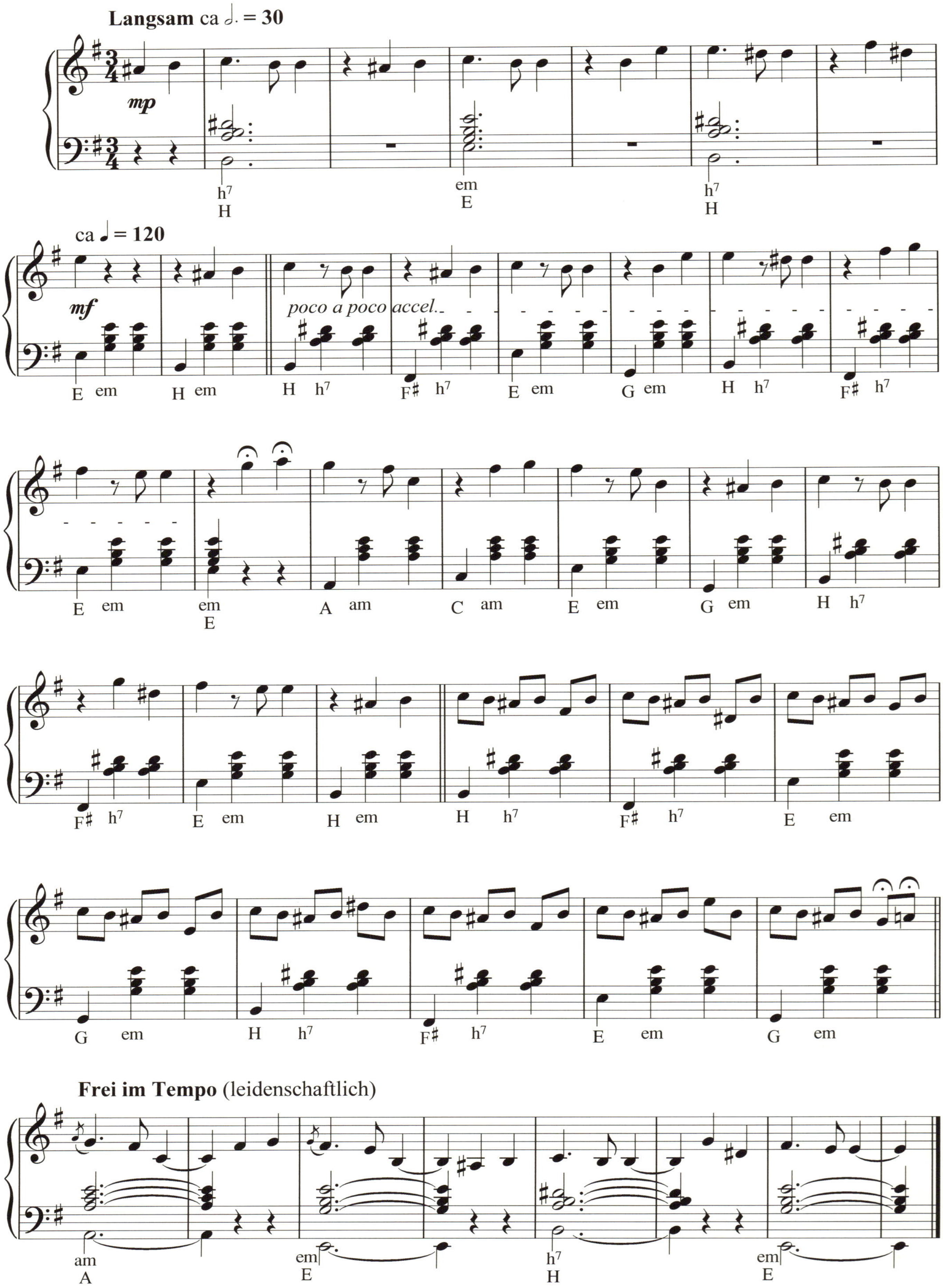

Langsam ca 𝅗𝅥. = **30**

mp

h7 H em E h7 H

ca ♩ = **120**

mf

poco a poco accel.

E em H em H h7 F♯ h7 E em G em H h7 F♯ h7

E em em E A am C am E em G em H h7

F♯ h7 E em H em H h7 F♯ h7 E em

G em H h7 F♯ h7 E em G em

Frei im Tempo (leidenschaftlich)

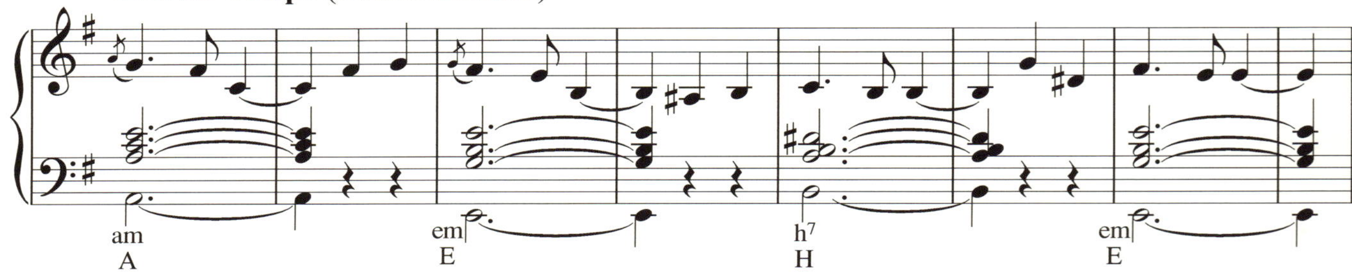

Komm, Schönheit, lass uns Bootfahren

Поедем, красотка, кататься

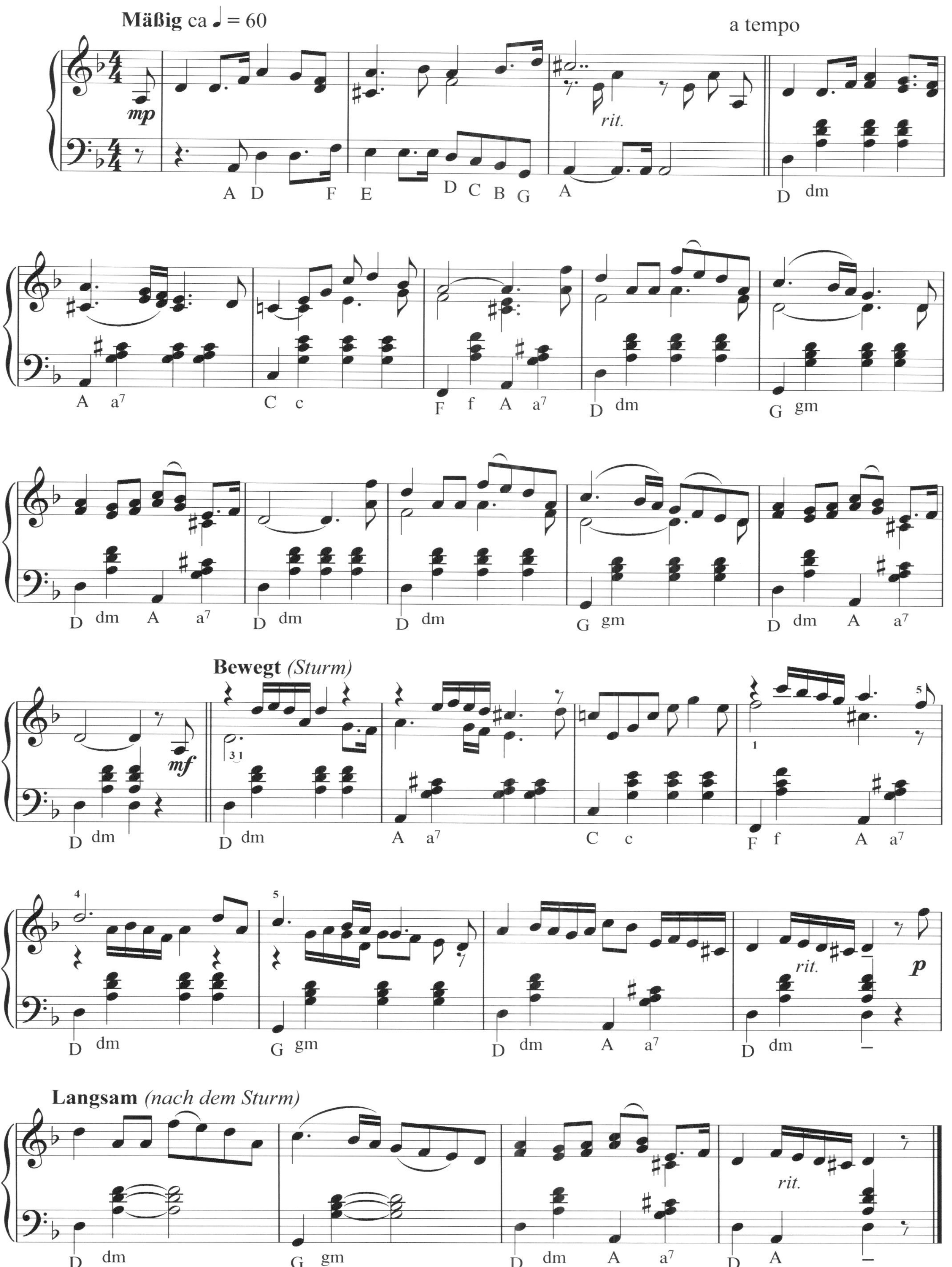

Stenka Rasin

Стенка Разин

russisches Volkslied

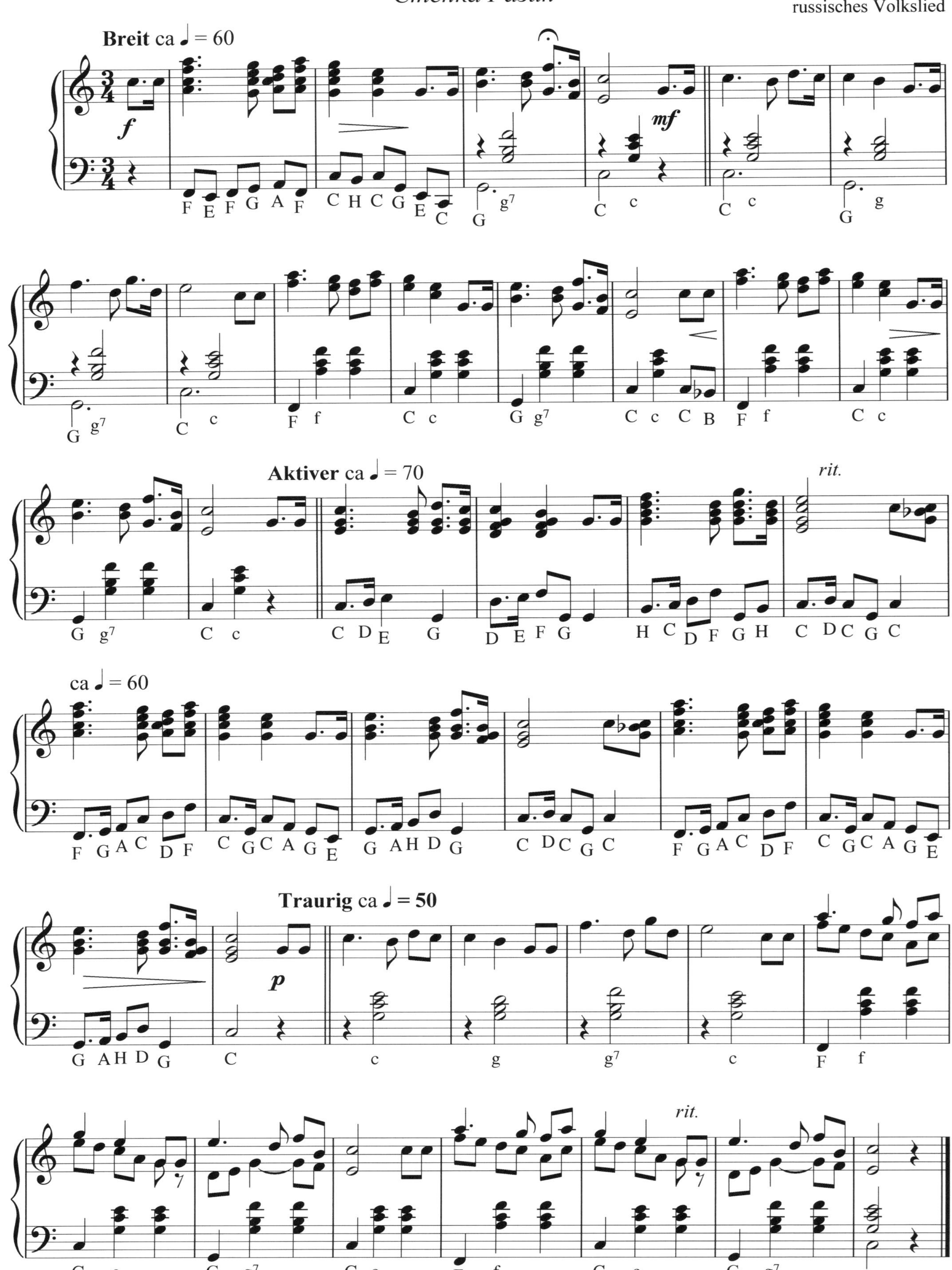

Wolgaschlepper

Ей, ухнем

russisches Volkslied

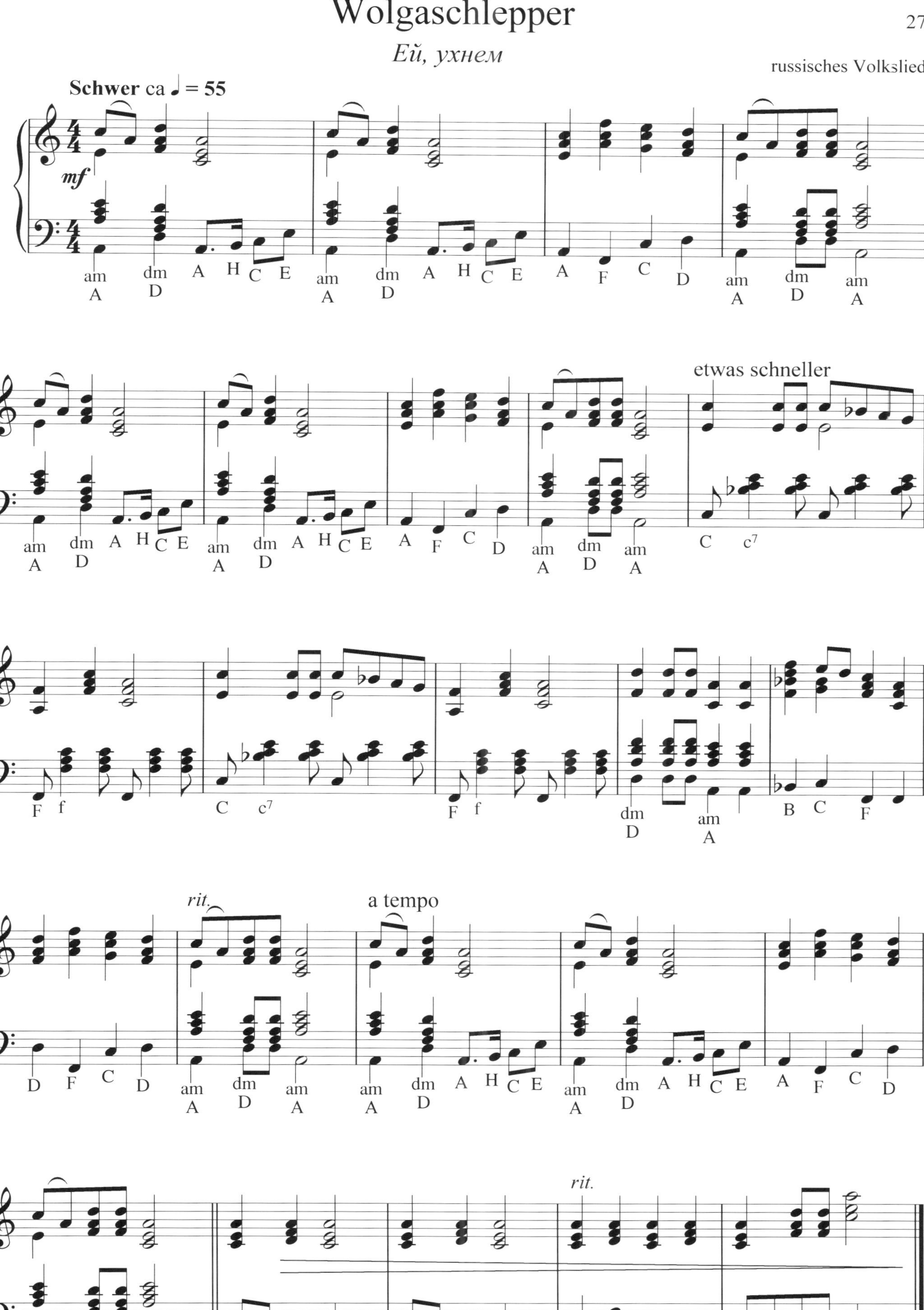

Es ist nicht der Wind, der den Zweig neigt

То не ветер ветку клонит

russisches Volkslied

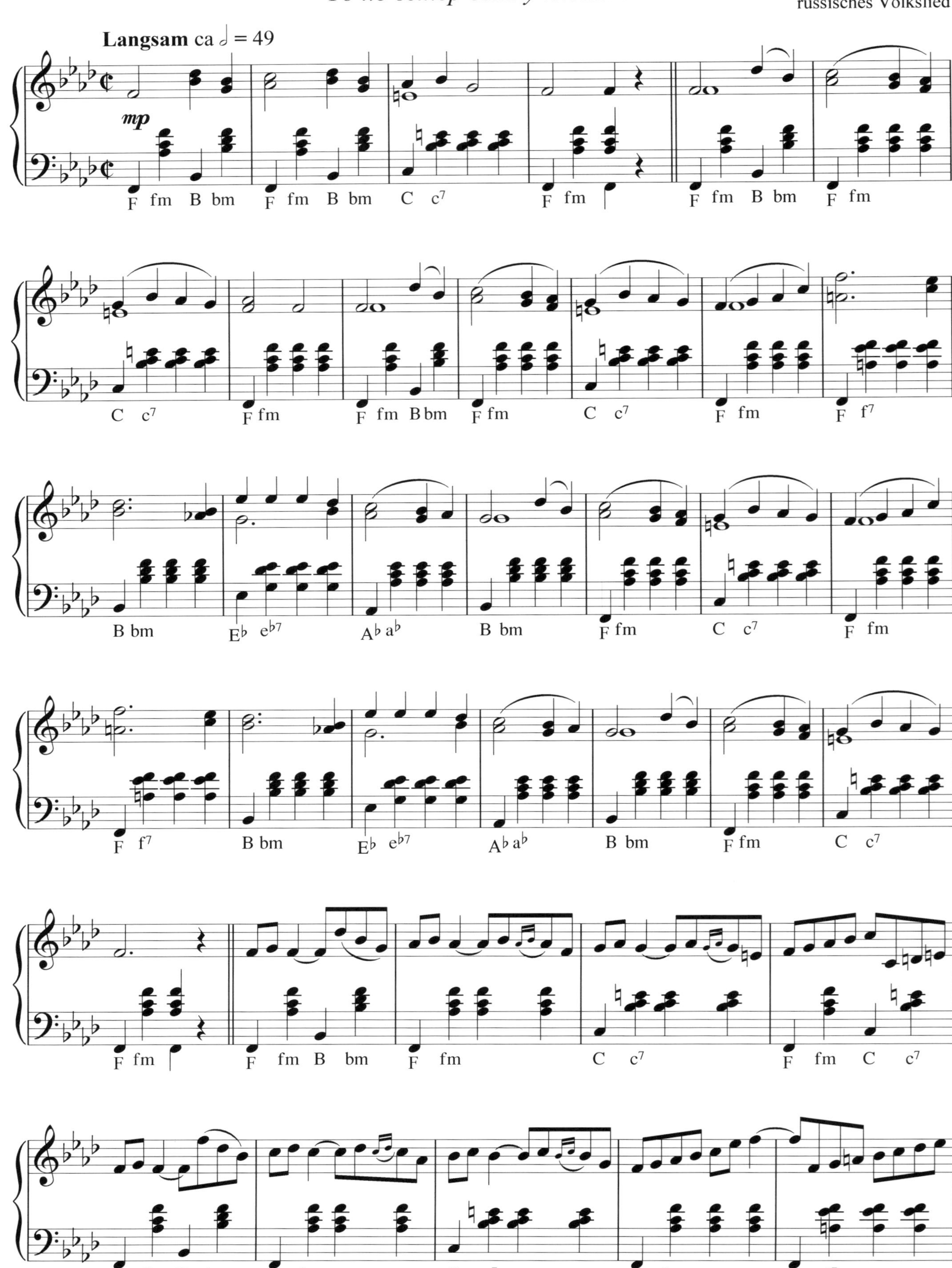

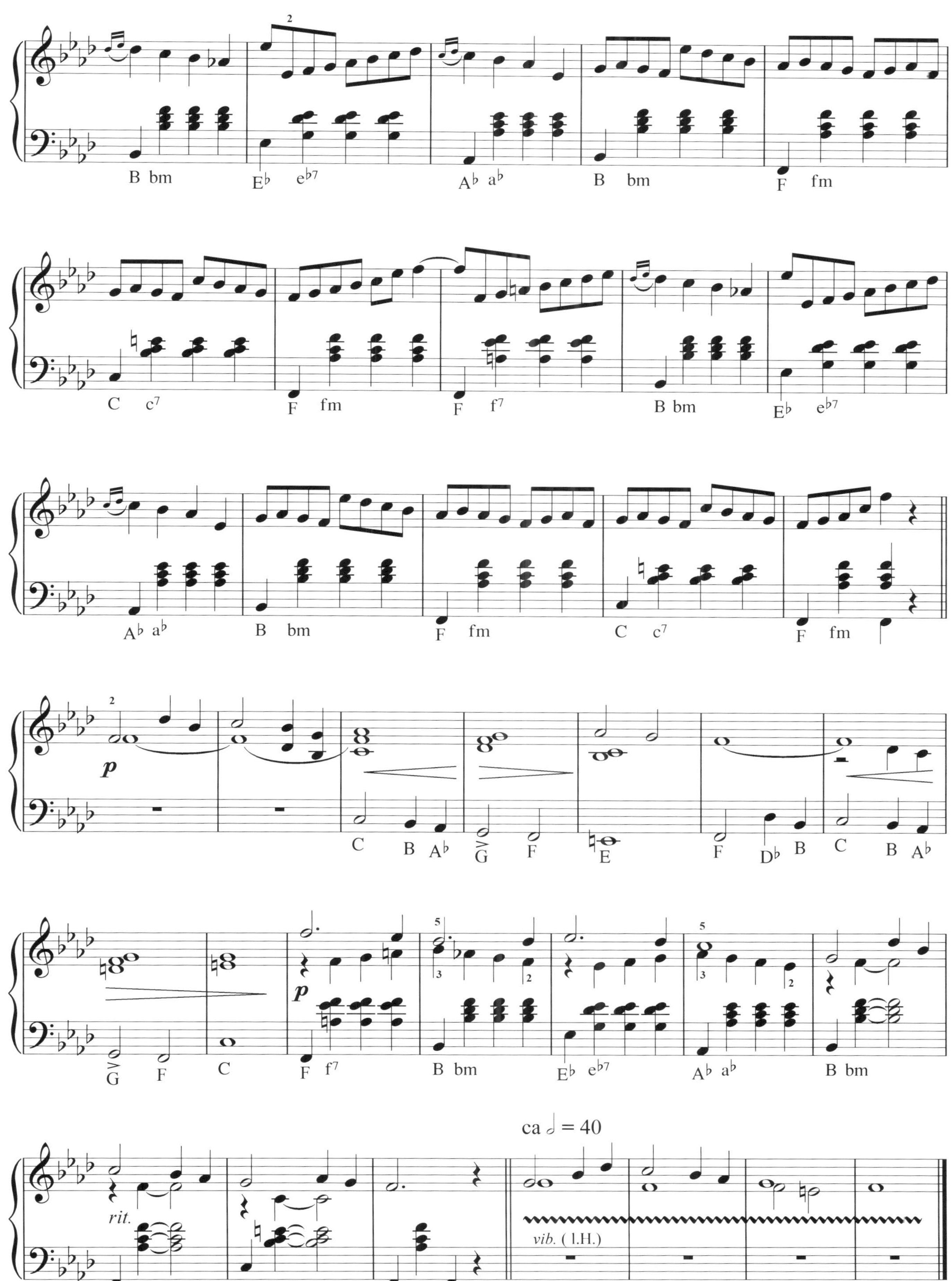
B bm E♭ e♭7 A♭ a♭ B bm F fm
C c7 F fm F f7 B bm E♭ e♭7
A♭ a♭ B bm F fm C c7 F fm
p
C B A♭ G F E F D♭ B C B A♭
p
G F C F f7 B bm E♭ e♭7 A♭ a♭ B bm
ca 𝅗𝅥 = 40
rit.
vib. (l.H.)
F fm C c7 F fm

Geh heim, meine Kuh

Ты пойди, моя коровушка, домой

russisches Volkslied

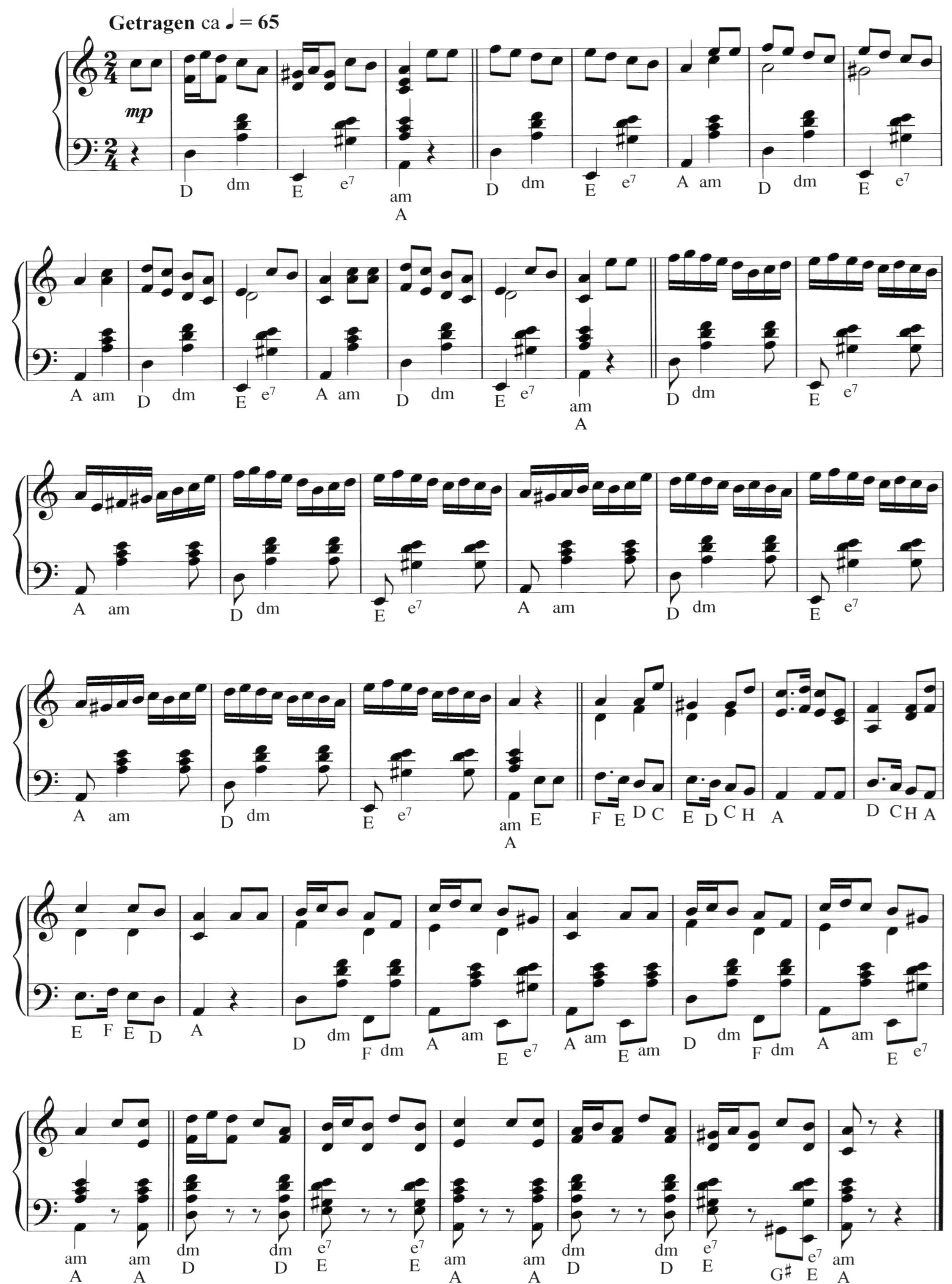

Am Fluss, an der Brücke

Возле речки, возле моста

russisches Volkslied

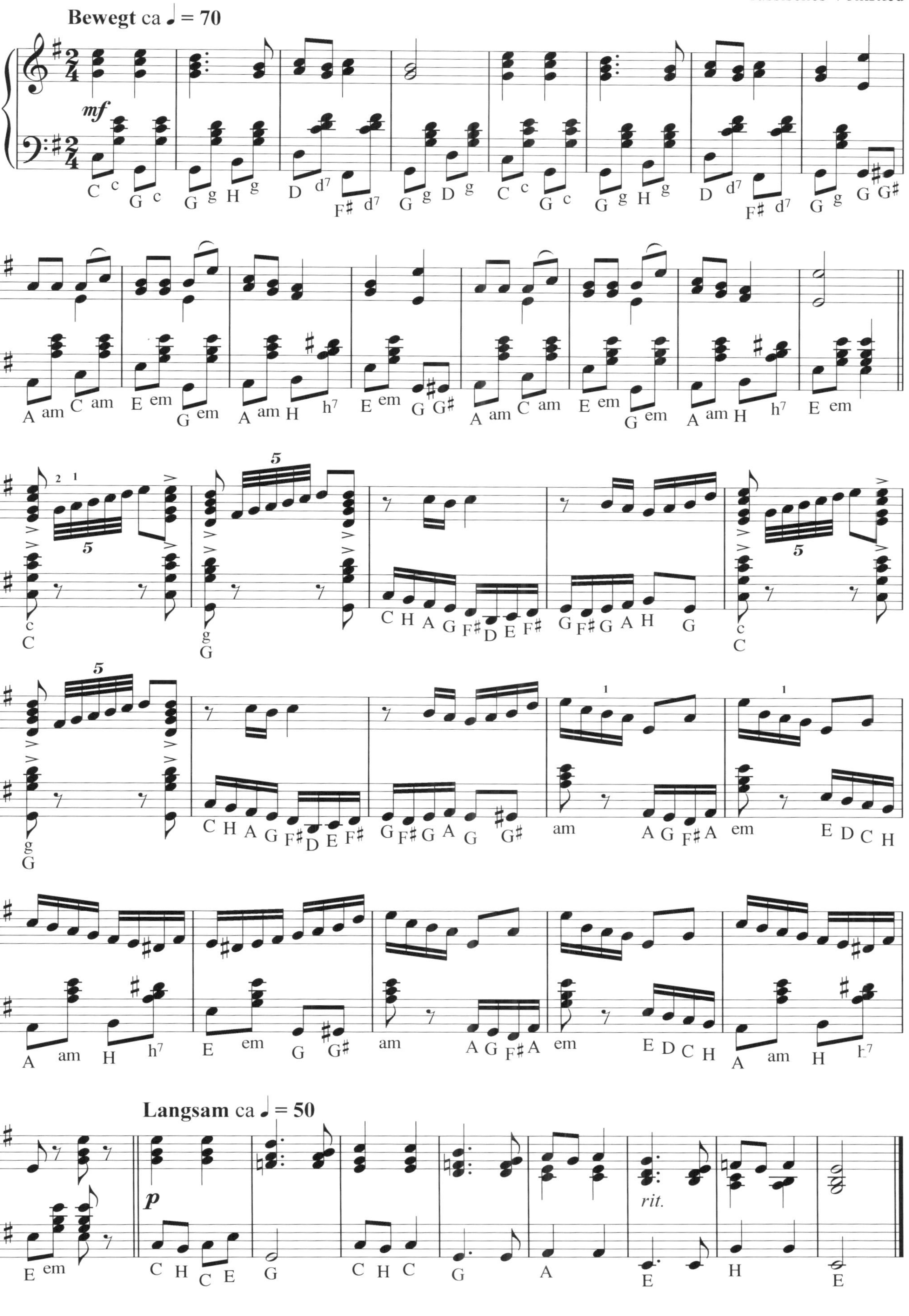

Bewegt ca ♩ = 70

Langsam ca ♩ = 50

rit.

Im Garten

Во саду ли в огороде

russisches Volkslied

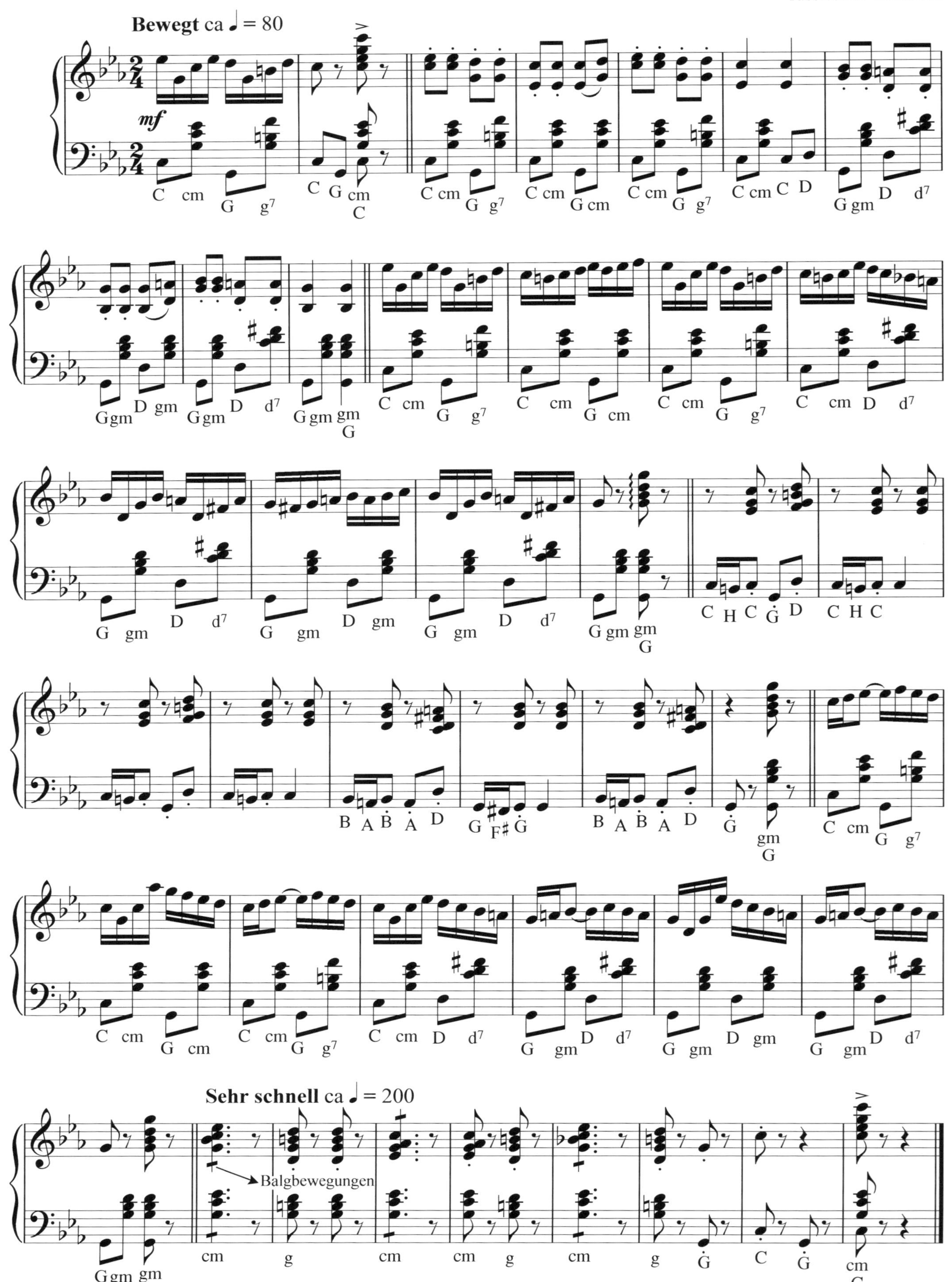

Ich geh´ mal aus

Пойдуль я выйдуль я да

russisches Volkslied

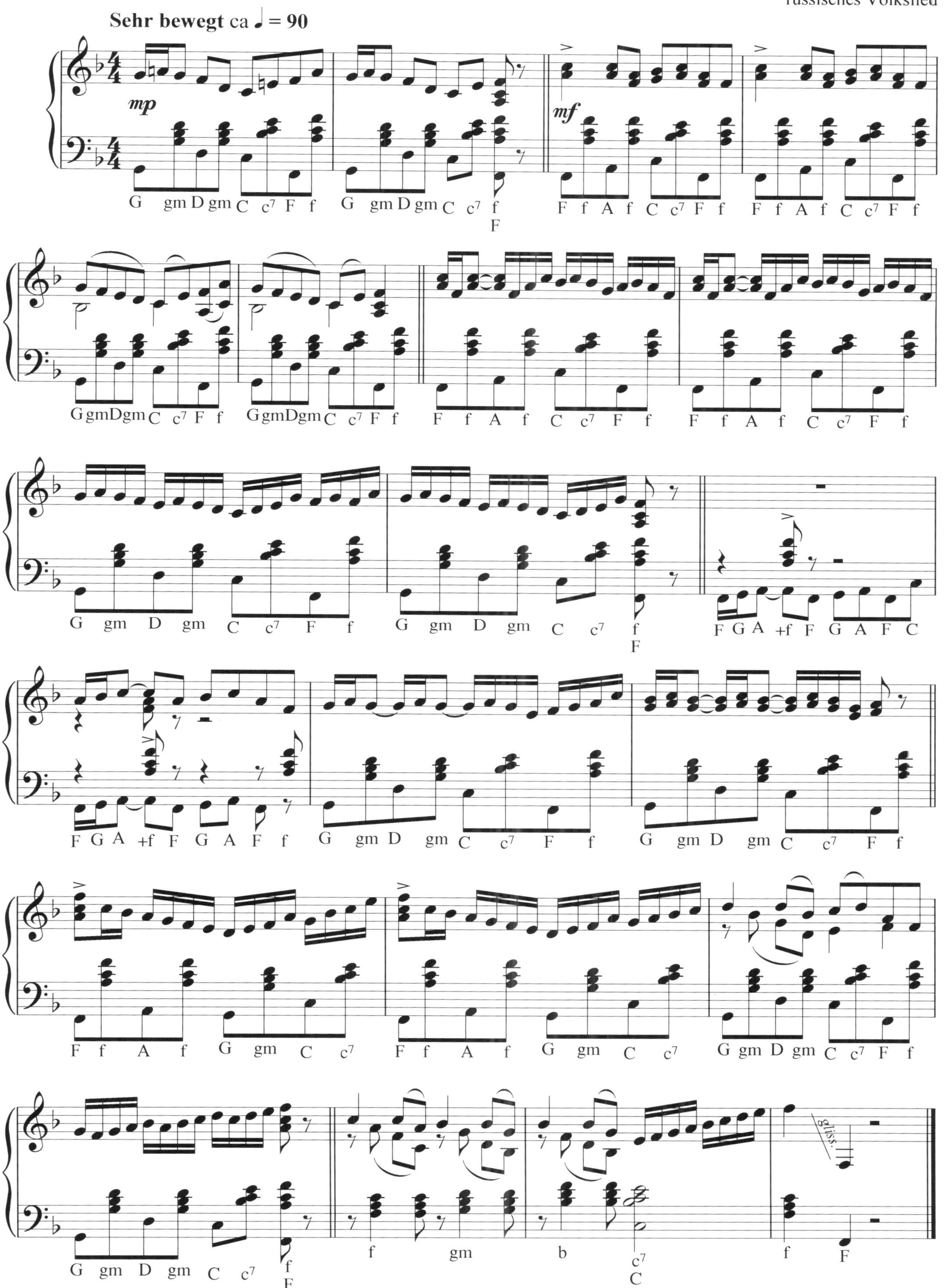

Wie Wacholder auf dem Berge

На горе то калина

russisches Volkslied

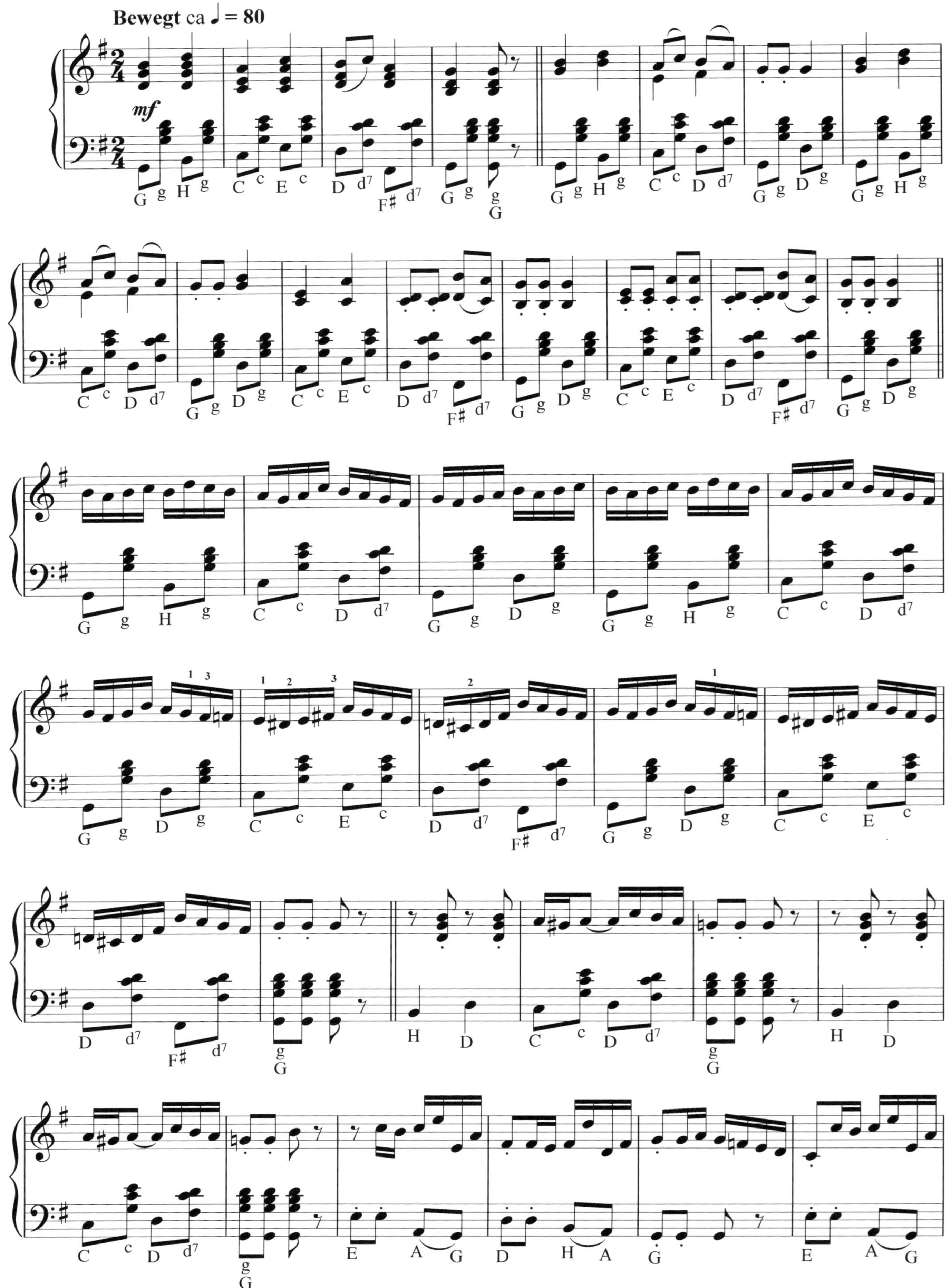

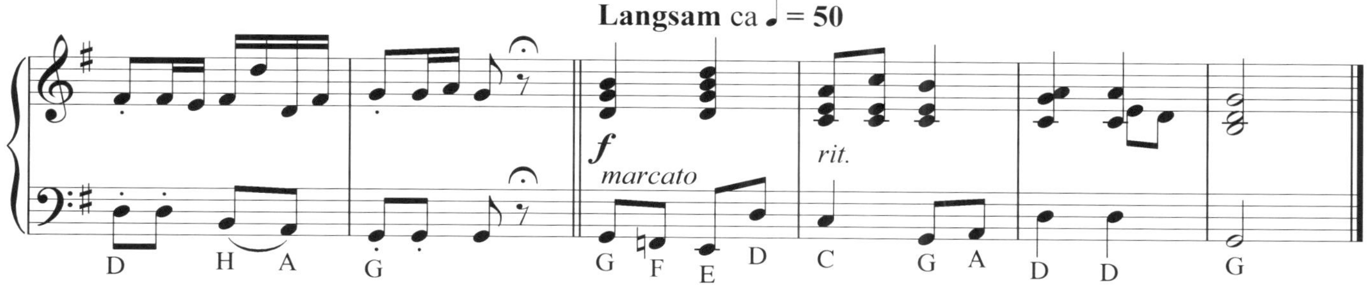

Wir fuhren mit der Troika

Ехали на тройке

russisches Volkslied

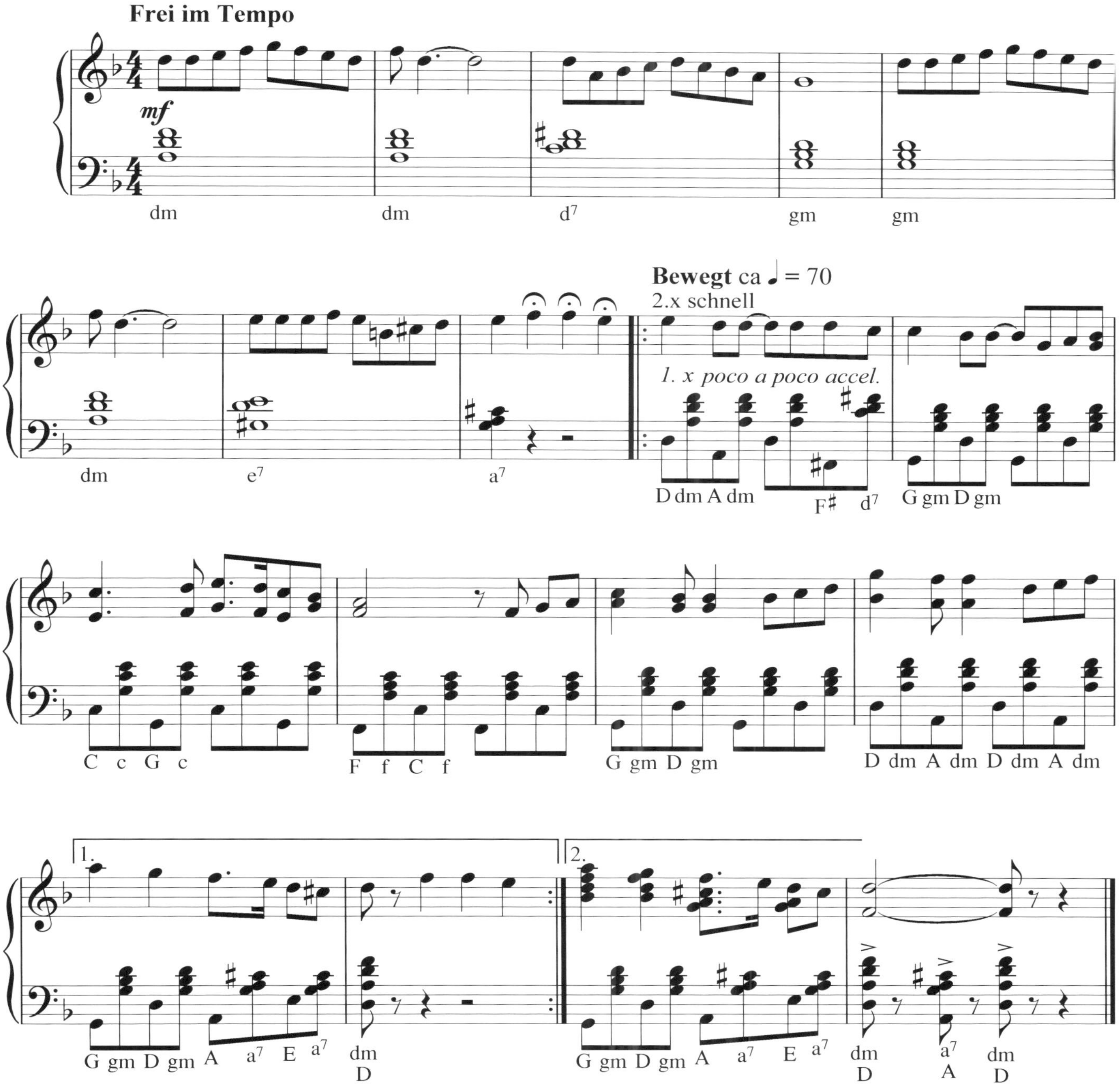

Frei im Tempo

mf

dm dm d7 gm gm

dm e7 a7

Bewegt ca ♩ = 70
2.x schnell

1. x poco a poco accel.

D dm A dm F♯ d7 G gm D gm

C c G c F f C f G gm D gm D dm A dm D dm A dm

1.

G gm D gm A a7 E a7 dm D

2.

G gm D gm A a7 E a7 dm D a7 A dm D

Die Strasse Pietjerskij entlang

Вдоль по Питерской

russisches Volkslied

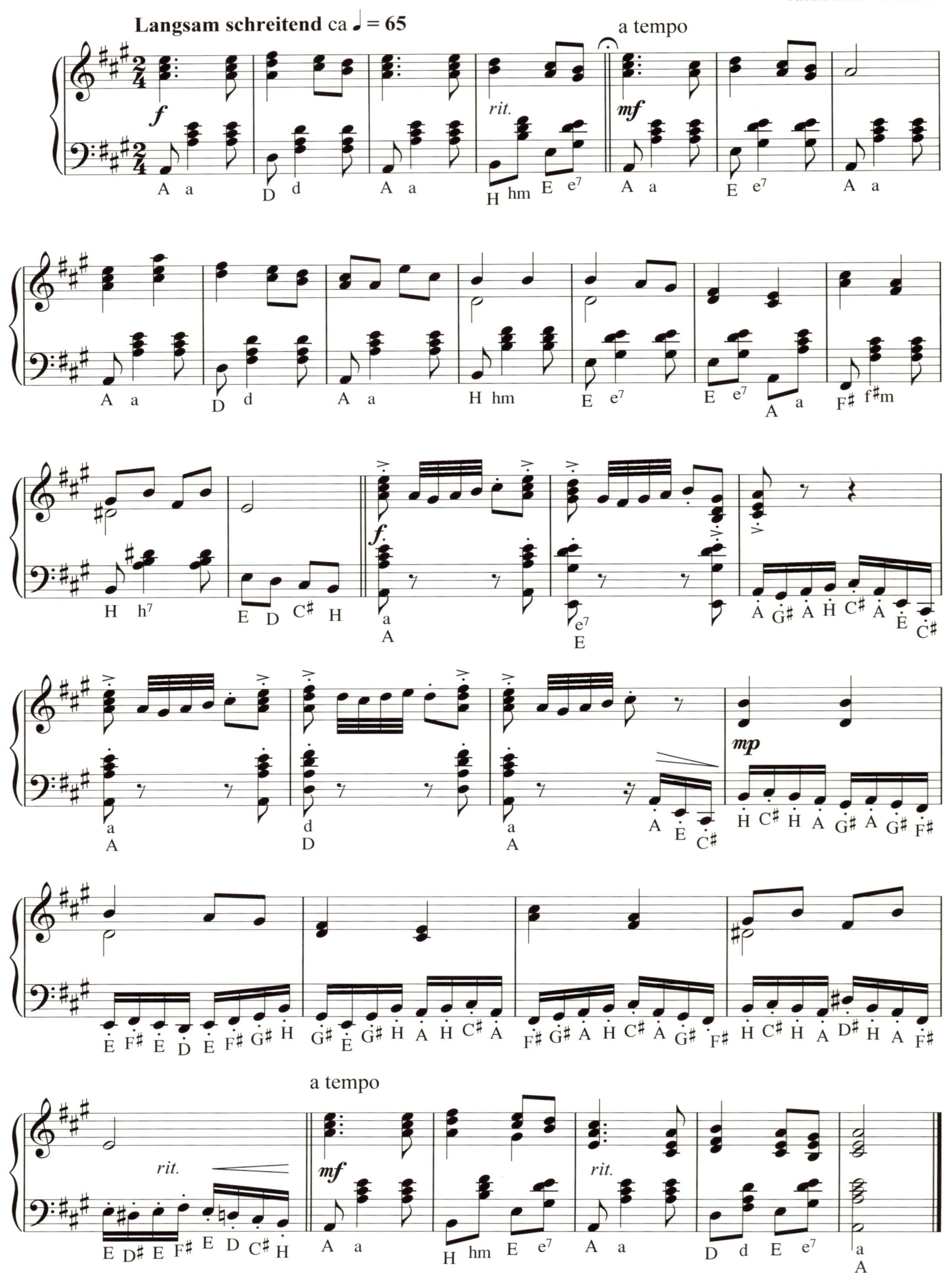